PARIS
SAVON BOUQUET DU LIBAN
PARIS
1900
GREAT EASTERN
LABOR OMNIA VINCIT
POSTALE
Adresse
Ensemble de la Place de la Concorde, le Sacré-Cœur de Montmartre et l'Opéra
General View of Concorde Place A. P.
10-25 AVRIL 1910
RÉPUBLIQUE FRANÇAISE
NONE-SUCH
BRAND

Cupcakes

Eine feine Auswahl verführerischer Edel-Muffins

Hölker Verlag

Inhalt

Für die ganze Familie

Frech oder nett – diese Auswahl an Köstlichkeiten lässt uns alle wieder zu Kindern werden.

Mohn-Orangen-Cupcakes

Für den Teig:
40 g gemahlener Mohn
1/8 l lauwarme Milch
180 g Mehl
1/2 Päckchen Backpulver
150 g weiche Butter
170 g feiner Zucker
abgeriebene Schale von 1 kleinen unbehandelten Orange
2 Eier

Für das Orangen-Topping:
250 g weiche Butter
375 g Puderzucker
abgeriebene Schale von 1 kleinen unbehandelten Orange

Außerdem:
etwas gemahlener Mohn zum Bestreuen
Papier-Muffinförmchen

Für 15 Cupcakes

Den Backofen auf 180 °C (Umluft 160 °C, Gas Stufe 3) vorheizen. 15 Muffinblechmulden mit Papier-Muffinförmchen auslegen.

Für den Teig in einer Schale den Mohn mit der Milch verrühren und mindestens 15 Minuten quellen lassen. Mehl, Backpulver, Butter, Zucker und Orangenschale in eine Schüssel geben und die Eier unterschlagen. Mit der Mohnmilch übergießen und alles mit dem Handrührer auf kleinster Stufe gründlich mischen. Dann auf mittlerer Stufe ca. 3 Minuten weiterschlagen, bis ein heller, dickflüssiger Teig entstanden ist.

Den Teig auf die Papier-Muffinförmchen verteilen. In den vorgeheizten Backofen (mittlere Schiene) schieben und in ca. 15 Minuten hellbraun backen (Stäbchenprobe machen!). Herausnehmen und auf einem Kuchengitter abkühlen lassen.

Für das Orangen-Topping Butter, gesiebten Puderzucker und Orangenschale in einer großen Schüssel schaumig schlagen. Dekorativ auf den Cupcakes verteilen und mit etwas Mohn bestreuen.

Pflaumen-Cupcakes mit Streuseln

Für den Teig:

850 g Pflaumen (Glas)

185 g weiche Butter

170 g feiner Zucker

1 TL Vanilleextrakt

3 Eier

150 g Mehl

1/2 Päckchen Backpulver

Für die Streusel:

100 g eiskalte Butter

125 g Mehl

110 g Rohrohrzucker (Demerara)

Außerdem:

Mini-Papier-Muffinförmchen

Für 24 Mini-Cupcakes

Den Backofen auf 180 °C (Umluft 160 °C, Gas Stufe 3) vorheizen. 24 x 3 Mini-Papier-Muffinförmchen ineinandersetzen.

Für den Teig die Pflaumen in ein Sieb geben und abtropfen lassen, den Saft dabei auffangen. 1/8 Liter davon abmessen und beiseite stellen. 10 Pflaumen in dünne Streifen schneiden und ebenfalls beiseite stellen. Butter, Zucker und Vanilleextrakt in einer Schüssel mit dem Handrührer hell-cremig aufschlagen. Die Eier nach und nach unterrühren. Das Mehl mit dem Backpulver in eine Schüssel sieben und portionsweise abwechselnd mit dem beiseite gestellten Pflaumensaft zur Butter-Zucker-Mischung geben. Den Teig anteilig auf die Förmchen verteilen und jeweils mit Pflaumenstreifen bedecken.

Für die Streusel die Butter in kleine Stücke schneiden. Mehl, Zucker und Butter in einer Schüssel mit den Fingern zu Streuseln zerreiben und den Teig in den Muffinförmchen damit bedecken. In den vorgeheizten Backofen (mittlere Schiene) schieben und die Cupcakes in 15–18 Minuten goldgelb backen. Herausnehmen und auf einem Kuchengitter abkühlen lassen.

Lebkuchen-Cupcakes

Für den Teig:

100 g Butter

240 g Ahornsirup

350 g Mehl

1 Päckchen Backpulver

1/2 TL Natron

3 TL gemahlener Ingwer

je 1 TL gemahlemer Zimt und Lebkuchengewürz

50 g kandierter Ingwer

230 g weicher brauner Zucker (Mascobado)

2 Eier

1/4 l Buttermilch

Für die Ingwer-Glasur:

250 g Puderzucker

1 TL gemahlener Ingwer

20 g weiche Butter

Außerdem:

Papier-Muffinförmchen

Für 16 Cupcakes

Den Backofen auf 200 °C (Umluft 180 °C, Gas Stufe 4) vorheizen. 16 Muffinblechmulden mit Papier-Muffinförmchen auslegen.

Für den Teig in einem kleinen Topf die Butter mit dem Ahornsirup verrühren und unter Rühren langsam schmelzen. Vom Herd nehmen und abkühlen lassen.

Das Mehl mit Backpulver und Natron in eine Schüssel sieben, Ingwer, Zimt und Lebkuchengewürz untermischen. Den kandierten Ingwer fein hacken und zusammen mit dem braunen Zucker untermengen. In die Mitte eine Mulde drücken. In einer Schale die Eier verschlagen und mit der Buttermilch unter den abgekühlten Sirup mischen. Die Mischung in die Mehlmulde geben und nur so lange vorsichtig unterheben, bis eine klumpige Masse entstanden ist.

Die Teigmischung auf die Förmchen verteilen. In den vorgeheizten Backofen (mittlere Schiene) schieben und die Cupcakes in 20–25 Minuten hellbraun backen (Stäbchenprobe machen!). Herausnehmen und auf einem Kuchengitter abkühlen lassen.

Für die Ingwer-Glasur den Puderzucker in eine hitzebeständige Schale sieben, Ingwer und Butter dazugeben und alles vermischen. Gerade so viel warmes Wasser unterrühren, dass eine geschmeidige Paste entsteht. So auf ein Wasserbad setzen, dass die Schale das Wasser nicht berührt. Rühren, bis die Mischung glatt ist und glänzt. Vom Herd nehmen und auf jedem Cupcake jeweils ca. 2 Teelöffel der Ingwer-Glasur dekorativ verteilen. Mit Puderzucker bestäuben.

Mini-Karfreitagsbrötchen

Für den Teig:
250 g Mehl
1 Päckchen Backpulver
3 TL gemahlener Zimt
125 g Butter
je 25 g Zitronat und Orangeat
125 g Sultaninen
170 g feiner Zucker
180 ml Milch
2 Eier

Für die Zuckerglasur:
2 TL Gelatinepulver
2 EL feiner Zucker
60 g Puderzucker
2 EL Zitronensaft

Außerdem:
Fett für das Blech

Für 12 Cupcakes

Den Backofen auf 200 °C (Umluft 180 °C, Gas Stufe 4) vorheizen. 12 Muffinblechmulden einfetten.

Für den Teig das Mehl mit Backpulver und Zimt in eine Schüssel sieben. Die Butter in kleine Stücke schneiden und dazugeben. Die Mischung mit den Fingerspitzen zu Streuseln zerreiben. Orangeat und Zitronat ggf. fein würfeln und mit Sultaninen und Zucker untermischen. In die Mitte eine Mulde drücken. Milch und Eier in einem Rührbecher verschlagen und hineingeben. Nur so lange vorsichtig unterheben, bis ein klumpiger Teig entstanden ist.

Den Teig auf die Muffinmulden verteilen. In den vorgeheizten Backofen (mittlere Schiene) schieben und die Cupcakes 20–25 Minuten backen; danach sollten sich die Brötchen am Rand von der Form lösen. Herausnehmen, kurz abkühlen lassen und dann auf ein Kuchengitter setzen.

Für die Zuckerglasur in einem kleinen Topf die Gelatine mit dem feinen Zucker und 2 Esslöffeln Wasser mischen und bei geringer Hitze ca. 1 Minute verrühren, bis sich alles gelöst hat. Die noch warmen Brötchen mehrfach damit bestreichen, dann abkühlen lassen.

In einer Schale den gesiebten Puderzucker und den Zitronensaft gut mischen. Aus Backpapier eine Spitztüte drehen, den Guss einfüllen und ein Loch in die Spitze schneiden. Jedes Brötchen mit einem Glasurkreuz versehen.

Jaffa-Cupcakes

Für den Teig:

125 g Butter

170 g Mehl

1/2 Päckchen Backpulver

30 g dunkles Kakaopulver

220 g feiner Zucker

2 Eier

170 ml Milch

abgeriebene Schale von 1 unbehandelten Orange

Für die Orangen-Buttercreme:

250 g Puderzucker

60 g weiche Butter

2 EL Saft und abgeriebene Schale von 1 kleinen unbehandelten Orange

Außerdem:

Papier-Muffinförmchen

orangefarbene Zuckerperlen oder sehr fein gehacktes Orangeat zum Garnieren

Für 12 Cupcakes

Den Backofen auf 180 °C (Umluft 160 °C, Gas Stufe 3) vorheizen. 12 Muffinblechmulden mit Papier-Muffinförmchen auslegen.

Für den Teig in einem Topf die Butter zerlassen und abkühlen lassen. Mehl mit Backpulver und Kakao in eine Schüssel sieben und mit dem Zucker mischen. In einer Schale die Eier etwas verschlagen, zusammen mit abgekühlter Butter, Milch und Orangenschale zugeben und mit dem Handrührer unterrühren, bis ein glatter Teig entstanden ist.

Den Teig auf die Förmchen verteilen. In den vorgeheizten Backofen (mittlere Schiene) schieben und die Cupcakes 18–20 Minuten backen (Stäbchenprobe machen!). Herausnehmen und auf einem Kuchengitter abkühlen lassen.

Für die Orangen-Buttercreme in einer Schüssel 125 Gramm gesiebten Puderzucker, Butter, Orangensaft und -schale mit dem Handrührer cremig schlagen. Nach und nach den restlichen gesiebten Puderzucker unterrühren, bis eine geschmeidige, dicke Creme entstanden ist. Jeden Cupcake mit einem Tupfer Orangencreme und Zuckerperlen oder Orangeat garnieren.

Aprikosen-Kokos-Cupcakes

Papier-Muffinförmchen
230 g feiner Zucker
125 g Butter
220 g Mehl
1 Päckchen Backpulver
50 g Kokosraspel
2 Eier
1/4 l Aprikosennektar
125 g saure Sahne
20 Aprikosenhälften (Glas oder Dose)
80 g Aprikosenkonfitüre

Für 20 Cupcakes

Den Backofen auf 180 °C (Umluft 160 °C, Gas Stufe 3) vorheizen. 20 Muffinblechmulden mit Papier-Muffinförmchen auslegen.

In einem kleinen Topf bei geringer Hitze den Zucker unter Rühren in der Butter auflösen, vom Herd nehmen. Das Mehl in eine Schüssel sieben und mit den Kokosraspeln mischen. In die Mitte eine Mulde drücken. In einer Schale die Eier verquirlen und mit dem Aprikosennektar und der sauren Sahne verschlagen. Zusammen mit der Butter in die Mehlmulde geben und mit einem Kochlöffel alles gut mischen.

Den Teig auf die Förmchen verteilen. Jeweils 1 Aprikosenhälfte mit der Schnittfläche nach oben darauf setzen. In den vorgeheizten Backofen (mittlere Schiene) schieben und die Cupcakes 18–20 Minuten backen (Stäbchenprobe machen!). Herausnehmen und auf einem Kuchengitter abkühlen lassen.

Die Aprikosenkonfitüre in einem kleinen Topf bei geringer Hitze erwärmen und die Oberfläche der Cupcakes damit bestreichen.

Schmetterlings-Cupcakes

Papier-Muffinförmchen
180 g Mehl
1/2 Päckchen Backpulver
120 g weiche Butter
140 g feiner Zucker
1/8 l Milch
2 Eier
125 g Crème double
ca. 80 g Erdbeerkonfitüre
Puderzucker zum Bestäuben

Für 12 Cupcakes

Den Backofen auf 180 °C (Umluft 160 °C, Gas Stufe 3) vorheizen. 12 Muffinblechmulden mit Papier-Muffinförmchen auslegen.

In einer Schüssel Mehl, Backpulver, Butter, Zucker, Milch und Eier mit dem Handrührer bei niedrigster Stufe verrühren. Dann die Mischung auf mittlerer Stufe zu einem glatten, hellen Teig verarbeiten.

Den Teig auf die Förmchen verteilen. In den vorgeheizten Backofen (mittlere Schiene) schieben und die Cupcakes 15–20 Minuten backen (Stäbchenprobe machen!). Herausnehmen und zum Auskühlen auf ein Kuchengitter setzen.

Aus der Oberseite jedes Cupcakes mit der Spitze eines scharfen Messers eine flachen Scheibe herausschneiden und quer durchschneiden. Jeweils 2 Teelöffel Crème double in die Mulde geben und 1 Klecks Erdbeerkonfitüre obenauf setzen. Die beiden Hälften der Teigscheibe wie die Flügel eines Schmetterlings links und rechts neben den Konfitüreklecks platzieren. Die Cupcakes mit gesiebtem Puderzucker bestäuben.

Mini-Erdnuss-Cupcakes

Für den Teig:

150 g Mehl

knapp 1/2 Päckchen Backpulver

150 g Butter

110 g weicher brauner Zucker (Mascobado)

2 Eier

125 g Erdnussbutter mit Erdnussstückchen

60 ml Milch

Für das Nuss-Topping:

120 g weiches Haselnussmus (ersatzweise Nussnougatcreme)

90 g Erdnussbutter mit Erdnussstückchen

2 Schokoriegel mit Erdnüssen (à 60 g)

Außerdem:

Mini-Papier-Muffinförmchen

Für 18 Mini-Cupcakes

Den Backofen auf 180 °C (Umluft 160 °C, Gas Stufe 3) vorheizen. 18 Mini-Muffinblechmulden mit Papier-Muffinförmchen auslegen.

Für den Teig das Mehl mit dem Backpulver in eine Schüssel sieben. In einer zweiten Schüssel Butter und Zucker mit dem Handrührer hell-schaumig aufschlagen. Nach und nach die Eier zugeben und jedes Ei gut unterrühren. Die Erdnussbutter ebenfalls unterrühren. Portionsweise abwechselnd Mehl und Milch zugeben und alles zu einem glatten Teig verrühren.

Den Teig auf die Förmchen verteilen. In den vorgeheizten Backofen (mittlere Schiene) schieben und die Cupcakes 10–12 Minuten backen (Stäbchenprobe machen!). Herausnehmen und auf einem Kuchengitter gut abkühlen lassen.

Für das Nuss-Topping in einer Schale Haselnussmus und Erdnussbutter vermischen. Die Schokoriegel in dünne Scheiben schneiden. Die Nusscreme dekorativ auf den Cupcakes verteilen und jeweils mit einer Scheibe Schokoriegel garnieren.

Donut-Cupcakes

Papier-Muffinförmchen
150 g Mehl
1/2 Päckchen Backpulver
100 g feiner Zucker
1/8 l Milch
2 Eier
1 TL Vanilleextrakt
1/2 TL Trockenhefe
150 g Erdbeerkonfitüre
2 EL Zimtzucker
20 g Butter

Für 18 Cupcakes

Den Backofen auf 180 °C (Umluft 160 °C, Gas Stufe 3) vorheizen. 18 Muffinblechmulden mit Papier-Muffinförmchen auslegen.

Das Mehl in einer Schüssel mit dem Backpulver und dem Zucker mischen und in die Mitte eine Mulde drücken. In einer Schale Milch, Eier, Vanille und Hefe verquirlen, in die Mehlmulde geben und gründlich unterrühren.

Die Hälfte des Teigs auf die Förmchen verteilen und je 1 Klecks Erdbeerkonfitüre daraufgeben. Nun den übrigen Teig so in die Förmchen geben, dass die Konfitüre gut bedeckt ist. In den vorgeheizten Backofen (mittlere Schiene) schieben und die Cupcakes 10–12 Minuten backen (Stäbchenprobe machen!).

Inzwischen den Zimtzucker auf einen flachen Teller geben und die Butter in einem kleinen Topf zerlassen. Die Cupcakes aus dem Backofen nehmen, die Oberseite erst mit der Butter bestreichen und dann vorsichtig in den Zimtzucker drücken. Am besten warm genießen!

Cupcakes mit Bananen, Honig und Macadamianüssen

Mini-Papier-Muffinförmchen
100 g Butter
350 g Honig
150 g Möhren
1 vollreife Banane
80 Macadamianusskerne
2 Eier
250 g Mehl
1 Päckchen Backpulver
1 TL Lebkuchengewürz
flüssiger Honig zum Beträufeln

Für 32 Mini-Cupcakes

Den Backofen auf 180 °C (Umluft 160 °C, Gas Stufe 3) vorheizen. 32 Mini-Muffinblechmulden mit Papier-Muffinförmchen auslegen.

Die Butter und den Honig in einem kleinen Topf bei geringer Hitze unter Rühren zum Schmelzen bringen. Vom Herd nehmen und abkühlen lassen.

Die Möhren putzen, ggf. schälen und raspeln, die Banane schälen und mit der Gabel zerdrücken. Die Nüsse hacken und etwas davon für die Garnitur beiseite legen. In einer Schale die Eier gut verquirlen. Das Mehl mit dem Backpulver in eine Schüssel sieben und das Lebkuchengewürz untermischen. Die vorbereiteten Zutaten in die Mehlmulde geben und alles zügig glatt rühren.

Den Teig auf die Förmchen verteilen und mit den beiseitegestellten gehackten Nüssen bestreuen. In den vorgeheizten Backofen (mittlere Schiene) schieben und die Cupcakes ca. 8 Minuten backen (Stäbchenprobe machen!).

Herausnehmen und auf einem Kuchengitter abkühlen lassen. Vor dem Servieren die Cupcakes mit etwas flüssigem Honig beträufeln.

Schwarz-Weiß-Cupcakes

Für den Teig:

250 g weiche Butter

230 g feiner Zucker

1 TL Vanilleextrakt

4 Eier

250 g Mehl

gut 1/2 Päckchen Backpulver

180 ml Milch

30 g dunkles Kakaopulver

Für die Schwarz-Weiß-Glasur:

180 g Puderzucker

1 EL Butter

200 g Zartbitterschokolade

Außerdem:

Papier-Muffinförmchen

Für 16 Cupcakes

Den Backofen auf 180 °C (Umluft 160 °C, Gas Stufe 3) vorheizen. 16 Muffinblechmulden mit Papier-Muffinförmchen auslegen.

Für den Teig in einer Schüssel Butter, Zucker und Vanille mit dem Handrührer cremig schlagen. Die Eier nach und nach unterrühren. Das Mehl mit dem Backpulver in eine Schüssel sieben und portionsweise abwechselnd mit der Milch einarbeiten. Die Mischung in zwei gleich große Portionen aufteilen und in eine Hälfte den Kakao einrühren. Die Förmchen jeweils zur Hälfte, also auf einer Seite, mit dem dunklen Teig füllen, daneben den hellen Teig einfüllen.

In den vorgeheizten Backofen (mittlere Schiene) schieben und die Cupcakes 18–20 Minuten backen (Stäbchenprobe machen!). Herausnehmen und auf einem Kuchengitter auskühlen lassen.

Für die weiße Glasur den Puderzucker sieben und mit der Butter in eine kleine hitzebeständige Schale geben. So viel warmes Wasser einrühren, dass eine cremige Paste entsteht. Auf ein heißes Wasserbad stellen und rühren, bis die Mischung weich und glänzend geworden ist. Jeweils die helle Hälfte der Cupcakes mit der Zuckerglasur bestreichen.

Für die dunkle Glasur die Schokolade grob hacken und über dem heißen Wasserbad unter gelegentlichem Rühren schmelzen. Die Schokolade jeweils auf die dunkle Hälfte der Cupcakes streichen und fest werden lassen.

Apfel-Pekan-Cupcakes

Papier-Muffinförmchen
50 g Butter
50 g Pekannusskerne
2 säuerliche, festfleischige Äpfel
300 g Mehl
1 Päckchen Backpulver
1 1/2 TL gemahlener Zimt
160 g feiner Zucker
2 Eier
1/8 l Milch

Für 16 Cupcakes

Den Backofen auf 180 °C (Umluft 160 °C, Gas Stufe 3) vorheizen. 16 Muffinblechmulden mit Papier-Muffinförmchen auslegen.

Die Butter in einem kleinen Topf zerlassen und abkühlen lassen. Die Nüsse grob hacken. Die Äpfel schälen, vom Kerngehäuse befreien und grob raspeln. Mehl und Backpulver in eine Schüssel sieben und mit Nüssen, Apfelraspeln, Zimt und Zucker mischen. Abgekühlte Butter, Eier und Milch zum Teig geben und rasch einarbeiten.

Den Teig auf die Förmchen verteilen. In den vorgeheizten Backofen (mittlere Schiene) schieben und die Cupcakes 18–20 Minuten backen (Stäbchenprobe machen!). Herausnehmen und auf einem Kuchengitter abkühlen lassen. Nach Belieben zusammen mit Crème double oder Joghurt servieren.

Bienenkorb-Cupcakes

Für den Teig:

200 g weiche Butter

180 g weicher brauner Zucker (Mascobado)

3 Eier

110 g flüssiger Honig

280 g Mehl

1 Päckchen Backpulver

Für das Marshmallow-Topping:

3 Eiweiß

300 g Zucker

2 TL heller Ahornsirup

1 Prise Weinstein-Backpulver

1 TL Vanilleextrakt

Außerdem:

Papier-Muffinförmchen

je 15 Zahnstocher und Schoko-Bienen

etwas gelbe Lebensmittelfarbe nach Belieben

Für 16 Cupcakes

Den Backofen auf 180 °C (Umluft 160 °C, Gas Stufe 3) vorheizen. 16 Muffinblechmulden mit Papier-Muffinförmchen auslegen.

Für den Teig in einer Schüssel Butter und Zucker mit dem Handrührer hell-cremig rühren. Die Eier nach und nach zugeben und gut unterrühren. Den Honig zugeben, das Mehl mit dem Backpulver dazusieben und alles zu einem glatten Teig verarbeiten.

Den Teig auf die Förmchen verteilen. In den vorgeheizten Backofen (mittlere Schiene) schieben und die Cupcakes 18–20 Minuten backen (Stäbchenprobe machen!). Herausnehmen und auf einem Kuchengitter abkühlen lassen.

Für das Marshmallow-Topping in einer hitzebeständigen Schale Eiweiße, Zucker, Ahornsirup, Backpulver und 100 Milliliter Wasser mischen. So auf ein heißes Wasserbad setzen, dass der Boden der Schale das Wasser nicht berührt, und die Mischung hell-schaumig rühren. Vom Wasserbad nehmen, die Vanille einrühren und die Mischung mit den Quirlen des Handrührers in 4–5 Minuten steif schlagen. Nach Belieben mit wenigen Tropfen Lebensmittelfarbe gelb einfärben.

Die Creme in einen Spritzbeutel mit 1 Zentimeter breiter Lochtülle füllen und spiralförmig wie kleine Bienenkörbe auf die Cupcakes spritzen. Mit auf Zahnstocher gesteckten Bienen verzieren.

Mini-Cupcakes mit Birnen und Walnüssen

Für den Teig:

150 g weiche Butter

140 g weicher brauner Zucker (Mascobado)

2 Eier

150 g Mehl

1/2 Päckchen Backpulver

1/8 l Milch

ca. 130 g gut abgetropfte Birnen (Dose)

40 g Walnusskerne

Für die Ahornsirup-Frischkäse-Creme:

90 g Frischkäse

60 ml Ahornsirup

180 g Puderzucker

Außerdem:

Mini-Papier-Muffinförmchen

60 g Walnusskerne, geviertelt

Für 36 Mini-Cupcakes

Den Backofen auf 180 °C (Umluft 160 °C, Gas Stufe 3) vorheizen. 36 Mini-Muffinblechmulden mit Papier-Muffinförmchen auslegen.

Für den Teig in einer Schüssel Butter und Zucker mit dem Handrührer hell-cremig schlagen. Nach und nach die Eier zugeben und jeweils gut unterrühren. Das Mehl mit dem Backpulver mischen und portionsweise abwechselnd mit der Milch untermengen.

Den Teig auf die Förmchen verteilen. In den vorgeheizten Backofen (mittlere Schiene) schieben und die Cupcakes 12–15 Minuten backen (Stäbchenprobe machen!). Herausnehmen und auf einem Kuchengitter abkühlen lassen.

Für die Ahornsirup-Frischkäse-Creme in einer Schüssel Frischkäse und Ahornsirup mit dem Handrührer gründlich mischen. Nach und nach den gesiebten Puderzucker einarbeiten und weiterrühren, bis eine glatte Masse entstanden ist. Die Mischung dekorativ auf den Cupcakes verteilen und mit den Walnussvierteln garnieren.

Schokoknöpfe

Für den Teig:

75 g Vollmilchschokolade

75 g Butter

80 g weicher brauner Zucker (Mascobado)

2 Eier

60 g Mehl

1 TL Backpulver

Für die Schokoladenglasur:

80 g Vollmilchschokolade

2 EL Crème double

Außerdem:

Mini-Papier-Muffinförmchen

silberne Zuckerperlen

Für 12 Mini-Cupcakes

Den Backofen auf 160 °C (Umluft 140 °C, Gas Stufe 2) vorheizen. 12 Mini-Muffinblechmulden mit Papier-Muffinförmchen auslegen.

Für den Teig die Schokolade grob hacken und mit der Butter in eine hitzebeständige Schale geben. So auf ein heißes Wasserbad setzen, dass der Boden der Schale das Wasser nicht berührt. Schokolade und Butter unter Rühren schmelzen. Vom Wasserbad nehmen, den Zucker und die Eier unterrühren. Das Mehl mit dem Backpulver mischen und unterheben.

Den Teig in einen Rührbecher geben und anteilig in die Förmchen gießen. In den vorgeheizten Backofen (mittlere Schiene) schieben und die Cupcakes 20–25 Minuten backen (Stäbchenprobe machen!). Herausnehmen und auf einem Kuchengitter auskühlen lassen.

Für die Schokoladenglasur die Schokolade grob hacken und mit der Crème double in einer hitzebeständigen Schale über dem heißen Wasserbad erwärmen. Der Boden der Schale darf das Wasser nicht berühren! Sobald die Schokolade fast vollständig geschmolzen ist, die Schale vom Wasserbad nehmen und noch etwas weiterrühren. Abkühlen lassen, bis die Mischung beginnt, dick zu werden; das dauert etwa 8 Minuten.

Die Cupcakes nun in das erkaltete Blech zurücksetzen, damit sie beim Dekorieren nicht umfallen. Jeweils mit etwas Schokoladencreme bestreichen und mit Zuckerperlen als Knopflöcher garnieren.

Bananen-Cupcakes

Für den Teig:

180 g weiche Butter

230 g feiner Zucker

3 Eier

300 g Mehl

1 Päckchen Backpulver

3 vollreife Bananen

180 g saure Sahne

2 EL Ahornsirup

Für das Honig-Frischkäse-Topping:

80 g Frischkäse

50 g weiche Butter

1 1/2 EL Honig

250 g Puderzucker

Außerdem:

Papier-Muffinförmchen

Für 24 Cupcakes

Den Backofen auf 180 °C (Umluft 160 °C, Gas Stufe 3) vorheizen. 24 Muffinblechmulden mit Papier-Muffinförmchen auslegen.

Für den Teig in einer Schüssel Butter und Zucker mit dem Handrührer in 5–6 Minuten hell-schaumig schlagen. Nach und nach die Eier zugeben und gut unterrühren. Mehl und Backpulver mischen. Die Bananen mit der Gabel zerdrücken und mit saurer Sahne und Ahornsirup vermengen. Portionsweise abwechselnd mit der Mehlmischung sorgfältig in die Butter-Zucker-Mischung einarbeiten.

Den Teig auf die Förmchen verteilen. In den vorgeheizten Backofen (mittlere Schiene) schieben und die Cupcakes ca. 15 Minuten backen (Stäbchenprobe machen!). Herausnehmen und auf einem Kuchengitter abkühlen lassen.

Für das Honig-Frischkäse-Topping in einem Rührbecher Frischkäse und Butter mit dem Handrührer glatt rühren. Honig und gesiebten Puderzucker zugeben und weiterrühren, bis die Mischung schön glatt ist und glänzt. Die Cupcakes großzügig damit garnieren.

Marmortaler

Für den Teig:

180 g weiche Butter

170 g feiner Zucker

1 TL Vanilleextrakt

3 Eier

150 g Mehl

1/2 Päckchen Backpulver

1/8 l Milch

rote Lebensmittelfarbe

2 EL dunkles Kakaopulver

Für die Zuckerglasur:

280 g Puderzucker

100 g weiche Butter

rote Lebensmittelfarbe

Außerdem:

Papier-Muffinförmchen

1 Schaschlikspieß

Für 10 Cupcakes

Den Backofen auf 180 °C (Umluft 160 °C, Gas Stufe 3) vorheizen. 10 Muffinblechmulden mit Papier-Muffinförmchen auslegen.

Für den Teig in einer Schüssel Butter, Zucker und Vanille mit dem Handrührer hell-cremig aufschlagen. Nach und nach die Eier zugeben und gut unterrühren. Das Mehl mit dem Backpulver mischen und portionsweise abwechselnd mit der Milch untermengen.

Den Teig in drei gleiche Portionen teilen. Ein paar Tropfen rote Lebensmittelfarbe in eine Portion einarbeiten, in die zweite das Kakaopulver. In jedes Förmchen etwas von jeder Teigsorte geben und die Masse mit einem Schaschlikspieß vorsichtig marmorieren. In den vorgeheizten Backofen (mittlere Schiene) schieben und die Cupcakes 15 Minuten backen (Stäbchenprobe machen!). Herausnehmen und auf einem Kuchengitter abkühlen lassen.

Für die Zuckerglasur gesiebten Puderzucker und Butter mit so viel heißem Wasser verrühren, dass eine dickflüssige Masse entsteht. Die Glasur dekorativ auf den Cupcakes verteilen. Einen Schaschlikspieß in etwas Lebensmittelfarbe tauchen und die Glasur damit rosa marmorieren.

Pekan-Orangen-Cupcakes

Für den Teig:

125 g weiche Butter

170 g feiner Zucker

2 Eier

100 g gemahlene Pekannusskerne

abgeriebene Schale von 1 großen unbehandelten Orange

180 g Mehl

1/2 Päckchen Backpulver

1/8 l Milch

Für die Zimtglasur:

15 g weiche Butter

180 g Puderzucker

knapp 1 TL gemahlener Zimt

Außerdem:

Papier-Muffinförmchen

Für 16 Cupcakes oder 24 Mini-Cupcakes

Den Backofen auf 180 °C (Umluft 160 °C, Gas Stufe 3) vorheizen. 16 Muffinblechmulden oder 24 Mini-Muffinblechmulden mit Papier-Muffinförmchen auslegen.

Für den Teig in einer Schüssel Butter und Zucker mit dem Handrührer hell-cremig schlagen, nach und nach die Eier zugeben und unterrühren. Gemahlene Nüsse und Orangenschale zugeben, das Mehl mit dem Backpulver in eine Schüssel sieben und portionsweise abwechselnd mit der Milch einarbeiten.

Den Teig auf die Förmchen verteilen und im vorgeheizten Backofen (mittlere Schiene) ca. 50 Minuten (Minis 40 Minuten) backen (Stäbchenprobe machen!). Herausnehmen, ca. 10 Minuten im Blech abkühlen lassen, herausnehmen und zum vollständigen Auskühlen auf ein Kuchengitter setzen.

Für die Zimtglasur in einer hitzebeständigen Schale Butter, gesiebten Puderzucker und Zimt mit ca. 1 1/2 Esslöffeln heißem Wasser verrühren und über einem heißen Wasserbad (die Schale soll das Wasser nicht berühren!) weiterrühren, bis eine glatte und glänzende Glasur entstanden ist. Die Cupcakes gleichmäßig damit bestreichen.

Cupcakes mit weißer Schokolade

Papier-Muffinförmchen
200 g weiße Schokolade
125 g weiche Butter
170 g feiner Zucker
2 Eier
1 TL Vanilleextrakt
250 g Mehl
3 TL Backpulver
1/8 l Buttermilch

Für 12 Cupcakes

Den Backofen auf 180 °C (Umluft 160 °C, Gas Stufe 3) vorheizen. 12 Muffinblechmulden mit Papier-Muffinförmchen auslegen.

Die weiße Schokolade grob hacken. In einer großen Schüssel Butter und Zucker mit dem Handrührer hell-cremig schlagen. Nach und nach die Eier zugeben und gut unterrühren. Die Vanille einrühren, das Mehl mit dem Backpulver mischen und portionsweise abwechselnd mit der Buttermilch einarbeiten. Zum Schluss die gehackte Schokolade unterheben.

Den Teig auf die Förmchen verteilen, sie sollten nur zu ca. drei Vierteln gefüllt sein. In den vorgeheizten Backofen (mittlere Schiene) schieben und die Cupcakes ca. 20 Minuten backen (Stäbchenprobe machen!). Herausnehmen, 10 Minuten im Blech abkühlen lassen, dann herausheben und zum vollständigen Auskühlen auf ein Kuchengitter setzen.

Rhabarber-Joghurt-Cupcakes

Papier-Muffinförmchen
125 g Butter
200 g Rhabarber
310 g Mehl
1 Päckchen Backpulver
230 g feiner Zucker
2 Eier
1 TL Vanilleextrakt
125 g Naturjoghurt
1 EL Rosenwasser (Apotheke oder türkischer Lebensmittelladen)

Für 24 Cupcakes

Den Backofen auf 180 °C (Umluft 160 °C, Gas Stufe 3) vorheizen. 24 Muffinblechmulden mit Papier-Muffinförmchen auslegen.

In einem kleinen Topf die Butter zerlassen und wieder abkühlen lassen. Rhabarber putzen, schälen und in dünne Scheiben schneiden. 24 Scheiben davon für die Garnitur beiseitelegen. In einer Schüssel den übrigen Rhabarber mit Mehl, Backpulver und Zucker mischen. Die Eier in einer Schale leicht verschlagen. Abgekühlte Butter, Eier, Vanille, Joghurt und Rosenwasser mithilfe eines Kochlöffels vorsichtig unterheben.

Den Teig auf die Förmchen verteilen und obenauf jeweils 1 Rhabarberscheibe setzen. In den vorgeheizten Backofen (mittlere Schiene) schieben und die Cupcakes ca. 15 Minuten backen (Stäbchenprobe machen!). Herausnehmen und auf einem Kuchengitter vollständig abkühlen lassen.

Apfel-Rosinen-Cupcakes

Für den Teig:

180 g Mehl

1/2 Päckchen Backpulver

150 g Butter

140 g weicher brauner Zucker (Mascobado)

120 g Apfelmus

120 g Rosinen

3 Eier

Für das Joghurt-Topping:

250 g Naturjoghurt

1 EL weicher brauner Zucker (Mascobado)

Außerdem:

Papier-Muffinförmchen

Für 12 Cupcakes

Den Backofen auf 180 °C (Umluft 160 °C, Gas Stufe 3) vorheizen. 12 Muffinblechmulden mit Papier-Muffinförmchen auslegen.

Für den Teig das Mehl mit dem Backpulver in eine große Schüssel sieben und in die Mitte eine Mulde drücken. Die Butter würfeln und mit dem Zucker in einem kleinen Topf bei geringer Hitze zerlassen. So lange rühren, bis sich die Zuckerkristalle vollständig aufgelöst haben. Apfelmus und Rosinen dazugeben. Die Mischung zusammen mit den Eiern in die Mehlmulde geben und alles mit einem Kochlöffel zu einem glatten Teig verarbeiten.

Den Teig auf die Förmchen verteilen. In den vorgeheizten Backofen (mittlere Schiene) schieben und die Cupcakes ca. 15 Minuten backen (Stäbchenprobe machen!). Herausnehmen und auf einem Kuchengitter abkühlen lassen.

Für das Joghurt-Topping den Joghurt mit dem Zucker gut mischen und jeweils 1 Esslöffel auf jeden Cupcake geben.

Für verträumte Nachmittagsstunden

Diese eleganten Törtchen verlangen nach einem aromatischen Getränk aus der Lieblingstasse.

Pistazien-Kardamom-Cupcakes

Für den Teig:

140 g ungesalzene Pistazienkerne

1/2 TL gemahlener Kardamom

150 g Butter

180 g Mehl

1/2 Päckchen Backpulver

170 g feiner Zucker

3 Eier

125 g Naturjoghurt

Für das Limetten-Joghurt-Topping:

100 g feiner Zucker

Schale von 1 unbehandelten Limette, in Zesten

250 g Naturjoghurt

1 EL Honig

Außerdem:

Papier-Muffinförmchen

etwas gemahlener Kardamom

Für 24 Cupcakes

Den Backofen auf 180 °C (Umluft 160 °C, Gas Stufe 3) vorheizen. 24 Muffinblechmulden mit Papier-Muffinförmchen auslegen.

Für den Teig die Pistazien mit dem Kardamom im Mixer grob mixen. Butter in Würfel schneiden und mit Mehl, Backpulver und Zucker in den Mixer geben. Alles in ca. 20 Sekunden krümelig hacken. Eier und Joghurt zugeben und zügig untermischen.

Den Teig auf die Förmchen verteilen. In den vorgeheizten Backofen (mittlere Schiene) schieben und die Cupcakes ca. 15 Minuten backen (Stäbchenprobe machen!). Herausnehmen und auf einem Kuchengitter lauwarm abkühlen lassen.

Für das Limetten-Joghurt-Topping in einem kleinen Topf den Zucker und 100 Milliliter Wasser bei geringer Hitze erwärmen und so lange rühren, bis sich die Zuckerkristalle vollständig aufgelöst haben. Zum Kochen bringen, die Limettenzesten zugeben und die Mischung 5 Minuten bei reduzierter Hitze leise köcheln lassen. Die noch warmen Cupcakes mit dem Sirup bestreichen. Joghurt und Honig gut mischen, jeden Cupcake mit 1 Klecks davon garnieren und mit etwas gemahlenem Kardamom bestreuen.

Obsttörtchen

Papier-Muffinförmchen
180 g weiche Butter
170 g feiner Zucker
1 TL Vanilleextrakt
3 Eier
150 g Mehl
1/2 Päckchen Backpulver
1/8 l Milch
125 g Vanillepudding (Fertigprodukt)
1 Kiwi
125 g Erdbeeren
1 Pfirsich
4–6 blaue Weintrauben
160 g Aprikosenkonfitüre

Für 12 Cupcakes

Den Backofen auf 180 °C (Umluft 160 °C, Gas Stufe 3) vorheizen. 12 Muffinblechmulden mit Papier-Muffinförmchen auslegen.

In einer Schüssel Butter, Zucker und Vanille mit dem Handrührer hell-cremig aufschlagen. Nach und nach die Eier hinzufügen und gut unterrühren. Das Mehl mit dem Backpulver mischen und portionsweise abwechselnd mit der Milch einarbeiten.

Den Teig auf die Förmchen verteilen. In den vorgeheizten Backofen (mittlere Schiene) schieben und die Cupcakes ca. 15 Minuten backen (Stäbchenprobe machen!). Herausnehmen und auf einem Kuchengitter abkühlen lassen.

In die Mitte jedes Cupcakes mit einem scharfen Messer so eine Mulde schneiden, dass ein Rand von ca. 1 Zentimeter Breite stehen bleibt. In jede Vertiefung 2 Teelöffel Vanillepudding füllen. Die Früchte schälen bzw. putzen, in feine Scheiben oder Stücke schneiden und die Cupcakes damit belegen. Die Konfitüre erwärmen, bis sie dickflüssig ist, und Obst und Teigrand dünn damit bestreichen. Bis zum Servieren kühl stellen.

Schokoladen-Mandel-Cupcakes

Für den Teig:
100 g Zartbitterschokolade
90 g Mehl
1 TL Backpulver
50 g gemahlene Mandeln
4 Eier
110 g feiner Zucker
2 EL lauwarme Milch

Für die Schokoladencreme:
120 g Zartbitterschokolade
100 g Butter

Außerdem:
Mini-Papier-Muffinförmchen
etwas dunkles Kakaopulver zum Bestäuben

Für 36 Mini-Cupcakes

Den Backofen auf 180 °C (Umluft 160 °C, Gas Stufe 3) vorheizen. 36 Mini-Muffinblechmulden mit Papier-Muffinförmchen auslegen.

Für den Teig die Schokolade im Mixer fein zerkleinern. Das Mehl mit dem Backpulver mischen und zügig mit den Mandeln untermischen. Die Eier trennen. In einer Schüssel Eigelbe und Zucker mit dem Handrührer 2–3 Minuten hell-cremig schlagen. Erst die Schokoladenmischung, dann die Milch unterrühren. Die Eiweiße steif schlagen und vorsichtig unter den Teig heben.

Den Teig auf die Förmchen verteilen. In den vorgeheizten Backofen (mittlere Schiene) schieben und die Cupcakes 10–12 Minuten backen (Stäbchenprobe machen!). Herausnehmen und auf einem Kuchengitter abkühlen lassen.

Für die Schokoladencreme 100 Gramm Schokolade mit der Butter in eine hitzebeständige Schale geben und über einem heißen Wasserbad schmelzen (die Schale darf das Wasser dabei nicht berühren!). Glattrühren und im Kühlschrank wieder erkalten lassen, währenddessen gelegentlich umrühren.

In jeden Cupcake eine Vertiefung schneiden und das Topping anteilig hineinfüllen. Die restliche Schokolade mit einem scharfen Messer zu feinen Röllchen schneiden, die Cupcakes damit verzieren und zum Schluss mit etwas Kakaopulver bestäuben.

Mandarinen-Kamillen-Cupcakes

Für den Teig:

180 ml Milch

5 g Kamillenblüten

150 g Butter

230 g feiner Zucker

3 Eier

2 TL abgeriebene Schale und 300 g Fruchtfleisch von unbehandelten Mandarinen

60 g feiner Grieß

1/2 Päckchen Backpulver

150 g Mehl

Für die Mandarinenglasur:

150 g Puderzucker

1 TL abgeriebene Schale und 2–3 EL durchgeseihter Saft von 1 unbehandelten Mandarine

Außerdem:

Mini-Papier-Muffinförmchen

einige Kamillenblüten zum Garnieren

Für 20 Mini-Cupcakes

Den Backofen auf 180 °C (Umluft 160 °C, Gas Stufe 3) vorheizen. 20 Mini-Muffinblechmulden mit Papier-Muffinförmchen auslegen.

Für den Teig die Milch mit den Kamillenblüten in einem Topf erhitzen. Kurz bevor sie zu kochen beginnt, vom Herd nehmen. 5 Minuten ziehen lassen, dann durch ein Teesieb seihen.

Die Butter in grobe Stücke schneiden und im Mixer mit Zucker, Eiern, Mandarinenschale und -fruchtfleisch fast glatt pürieren. Kamillenmilch, Grieß und das mit Backpulver vermischte Mehl zugeben und alles zu einem glatten Teig mixen.

Den Teig auf die Förmchen verteilen, in den vorgeheizten Backofen (mittlere Schiene) schieben und die Cupcakes 8–10 Minuten backen (Stäbchenprobe machen!). Herausnehmen und auf einem Kuchengitter abkühlen lassen.

Für die Mandarinenglasur gesiebten Puderzucker und Mandarinenschale in einer hitzebeständigen Schale mischen; so viel Mandarinensaft zugeben, dass eine dickflüssige Paste entsteht. Über einem heißen Wasserbad erwärmen (die Schale soll das Wasser nicht berühren!) und rühren, bis die Glasur flüssig wird. Die Cupcakes sofort damit bestreichen und mit Kamillenblüten garnieren.

Blaubeer-Cupcakes

Für Frischkäsefüllung und Blaubeersauce:
85 g Frischkäse
110 g feiner Zucker
250 g Blaubeeren
1 EL Crème de Cassis

Für den Teig:
20 g Butter
165 g Mehl
1/2 Päckchen Backpulver
1 TL abgeriebene Orangenschale
1/2 TL Salz
1 Ei
1/8 l Milch

Außerdem:
Fett für die Form
Puderzucker zum Bestäuben

Für 6 Cupcakes

Den Backofen auf 180 °C (Umluft 160 °C, Gas Stufe 3) vorheizen. 6 Muffinblechmulden einfetten.

Für die Frischkäsefüllung den Frischkäse in einer Schüssel mit der Hälfte des Zuckers gut vermischen. 18 Blaubeeren beiseite legen, die übrigen für die Blaubeersauce im Mixer mit der Crème de Cassis und dem restlichen Zucker glatt mixen. Durch ein feines Sieb passieren. Beides beiseite stellen.

Für den Teig die Butter zerlassen und wieder abkühlen lassen. Das Mehl mit dem Backpulver in eine große Schüssel sieben. Abgekühlte Butter, Orangenschale und Salz untermischen. In einer Schale Eier und Milch verschlagen und einarbeiten.

Die Hälfte des Teigs auf die Förmchen verteilen. Jeweils 3 der beiseite gelegten Blaubeeren und 1 Teelöffel Frischkäsefüllung daraufgeben und anteilig mit dem restlichen Teig bedecken. In den vorgeheizten Backofen (mittlere Schiene) schieben und die Cupcakes in ca. 15 Minuten goldgelb backen. Herausnehmen und auf einem Kuchengitter abkühlen lassen.

Zum Servieren die Cupcakes auf Tellern anrichten, mit der Blaubeersauce beträufeln und mit gesiebtem Puderzucker bestäuben.

Pflaumen-Ricotta-Cupcakes

Mini-Papier-Muffinförmchen
75 g Trockenpflaumen
1 EL Marsala
250 g Ricotta
115 g feiner Zucker
2 Eier
60 ml Sahne
30 g Maisstärke
2 EL Mehl
1 Msp. Backpulver
30 g Zartbitterschokolade
Puderzucker zum Bestäuben

Für 18 Mini-Cupcakes

Den Backofen auf 180 °C (Umluft 160 °C, Gas Stufe 3) vorheizen. 18 Mini-Muffinblechmulden mit Papier-Muffinförmchen auslegen.

Die Pflaumen hacken und mit dem Marsala in einen kleinen Topf geben. Kurz aufkochen, dann bei geringer Hitze noch ca. 30 Sekunden köcheln lassen, danach soll die Flüssigkeit aufgesogen sein. Vom Herd nehmen und abkühlen lassen.

In einer Schüssel Ricotta und Zucker mit dem Handrührer in ca. 2 Minuten hell-cremig schlagen. Nach und nach erst die Eier, dann die Sahne zugeben und jeweils gut unterrühren. Stärke und Mehl sieben und wie die Pflaumenmischung unterheben. Die Schokolade raspeln und ebenfalls vorsichtig einarbeiten.

Den Teig auf die Förmchen verteilen. In den vorgeheizten Backofen (mittlere Schiene) schieben und die Cupcakes in 15–18 Minuten goldgelb backen. Herausnehmen und auf einem Kuchengitter abkühlen lassen. Vor dem Servieren mit gesiebtem Puderzucker bestäuben.

Mode de Paris

Zitronen-Orangen-Cupcakes

Für den Teig:

125 g Butter

230 g feiner Zucker

je 2 TL abgeriebene Schale von 1 unbehandelten Zitrone und Orange

3 Eier

1/8 l Milch

180 g Mehl

1/2 Päckchen Backpulver

Für den Zitrussirup:

230 g feiner Zucker

Schale von je 1 unbehandelten Zitrone und Orange, in feinen Zesten

Außerdem:

Mini-Papier-Muffinförmchen

Für 36 Mini-Cupcakes

Den Backofen auf 180 °C (Umluft 160 °C, Gas Stufe 3) vorheizen. 36 Mini-Muffinblechmulden mit Papier-Muffinförmchen auslegen.

Für den Teig die Butter in Stücke schneiden und mit dem Zucker und den abgeriebenen Zitrusschalen in einen kleinen Topf geben. Bei geringer Hitze so lange rühren, bis sich die Zuckerkristalle aufgelöst haben. In eine große Schüssel geben, Eier und Mehl zugeben und mit dem Handrührer zügig unterrühren.

Den Teig auf die Förmchen verteilen, in den vorgeheizten Backofen (mittlere Schiene) schieben und die Cupcakes ca. 15 Minuten backen (Stäbchenprobe machen!). Herausnehmen und auf einem Kuchengitter abkühlen lassen.

Für den Zitrusirup in einem Topf 200 Milliliter Wasser mit dem Zucker bei geringer Hitze erwärmen. So lange rühren, bis sich die Zuckerkristalle aufgelöst haben. Die Zitronen- und Orangenzesten zugeben, alles aufkochen und in ca. 10 Minuten zu einem goldgelben Sirup einköcheln lassen. Vom Herd nehmen und durch ein feines Sieb seihen. Die Cupcakes jeweils mit einigen Zesten aus dem Sieb garnieren und mit etwas Sirup bestreichen.

Kokoswölkchen

Für den Teig:

125 g Butter

250 g Mehl

3 TL Backpulver

45 g Kokosraspel

230 g feiner Zucker

2 Eier

1/4 l Buttermilch

1 TL reiner Kokosextrakt (Asienladen)

Für die Kokosglasur:

280 g Puderzucker

135 g Kokosraspel

75 g weiche Butter

1/2 TL reiner Kokosextrakt

ca. 2 EL heißes Wasser

Außerdem:

Mini-Papier-Muffinförmchen

leicht geröstete Kokosraspel zum Verzieren

Für 36 Mini-Cupcakes

Den Backofen auf 180 °C (Umluft 160 °C, Gas Stufe 3) vorheizen. 36 Mini-Muffinblechmulden mit Papier-Muffinförmchen auslegen.

Für den Teig in einem Topf die Butter zerlassen und wieder abkühlen lassen. In einer Schüssel Mehl mit Backpulver, Kokosraspeln und Zucker mischen und in die Mitte eine Mulde drücken. In einer Schale die Eier verquirlen und abgekühle Butter, Buttermilch und den Kokosextrakt untermischen. Die Mischung in die Mehlmulde geben und alles zu einem glatten Teig verarbeiten.

Den Teig auf die Förmchen verteilen. In den vorgeheizten Backofen (mittlere Schiene) schieben und die Cupcakes ca. 12 Minuten backen (Stäbchenprobe machen!). Herausnehmen und auf einem Kuchengitter abkühlen lassen.

Für die Kokosglasur in einer Schüssel gesiebten Puderzucker und Kokosraspel mischen. Die Butter und den Kokosextrakt zugeben und so viel heißes Wasser untermischen, dass eine streichfähige Glasur entsteht. Jeden Cupcake mit einer dicken Schicht Glasur bedecken und mit gerösteten Kokosraspeln bestreuen.

Haselnusscreme-Biskuits

Für den Teig:

4 Eier

110 g feiner Zucker

60 g Mehl

1 gestrichener TL Backpulver

75 g gemahlene Haselnusskerne

20 g Butter

Für die Haselnussfüllung:

170 g Nussnougatcreme

130 g weiche Butter

60 g Puderzucker

Für 16 Cupcakes

Den Backofen auf 180 °C (Umluft 160 °C, Gas Stufe 3) vorheizen. Eine flache Backform (ca. 20 Zentimeter Seitenlänge) einfetten und den Boden mit einem passend zurechtgeschnittenen Stück Backpapier auslegen.

Für den Teig die Eier trennen. Die Eiweiße steif schlagen, dabei nach und nach den Zucker einrieseln lassen, so dass eine dicke, glänzende Masse entsteht. Dann die Eigelbe nacheinander ebenfalls unterrühren.

Mehl mit Backpulver mischen und auf die Ei-Zucker-Mischung sieben. Gemahlene Haselnüsse dazugeben und mit einem Löffel unterheben. Die Butter mit 2 Esslöffeln kochend heißem Wasser in einer Schale schmelzen und unter den Teig heben. Diesen gleichmäßig in die Form gießen und im vorgeheizten Backofen (mittlere Schiene) 25 Minuten backen (Stäbchenprobe machen!).

Den Biskuit aus dem Backofen nehmen, 5 Minuten in der Form belassen, auf ein Kuchengitter stürzen und abkühlen lassen. Mit einem langen, scharfen Messer in der Mitte waagerecht durchschneiden.

Für die Haselnussfüllung in einer Schüssel die Nussnougatcreme und die Butter mit dem Handrührer cremig aufschlagen. Den gesiebten Puderzucker untermischen, nach und nach 3 Teelöffel kochend heißes Wasser zugeben und unterrühren. Die Füllung auf die untere Hälfte des Biskuitbodens streichen, dann die obere Hälfte wieder aufsetzen. Kühl stellen, bis die Füllung fest geworden ist. In 16 Quadrate schneiden und die Biskuits in Papier-Muffinförmchen setzen.

Streusel-Pudding-Cupcakes

Für die Puddingfüllung:

3 Eigelb

je 2 EL feiner Zucker und Vanillepuddingpulver

1/4 l Milch, 1 TL Vanilleextrakt

Für die Streusel:

75 g Walnusskerne

80 g Butter, 60 g Mehl

95 g weicher brauner Zucker (Mascobado)

1 TL gemahlener Zimt

Für den Teig:

je 170 g weiche Butter und feiner Zucker

je 1 TL Vanilleextrakt und Lebkuchengewürz

3 Eier, 150 g Mehl

1/2 Päckchen Backpulver

60 g Sultaninen

1/8 l Milch

Außerdem:

Papier-Muffinförmchen

Für 24 Cupcakes

Den Backofen auf 180 °C (Umluft 160 °C, Gas Stufe 3) vorheizen. 24 Muffinblechmulden mit Papier-Muffinförmchen auslegen.

Für die Puddingfüllung Eigelbe mit Zucker und Puddingpulver verquirlen, bis die Mischung hell wird. Die Milch in einem kleinen Topf bis kurz vor den Siedepunkt erhitzen. Nach und nach unter die Eiermischung rühren. In einen sauberen Topf geben und bei geringer Hitze so lange rühren, bis der Pudding zu kochen beginnt und dick wird. Vom Herd nehmen und kalt stellen.

Für die Streusel die Walnüsse hacken, die Butter schmelzen und beides zusammen mit den übrigen Streuselzutaten mit den Fingern zu groben Bröseln zerreiben.

Für den Teig in einer Schüssel Butter, Zucker, Vanille und Lebkuchengewürz mit dem Handrührer hell-cremig schlagen. Nach und nach die Eier zugeben und jeweils gut unterrühren. Das Mehl mit dem Backpulver mischen und portionsweise abwechselnd mit Sultaninen und Milch unterheben. Den Pudding wellenförmig durch die Mischung ziehen – nicht zu sehr verrühren!

Den Teig auf die Förmchen verteilen und anteilig mit den Streuseln bestreuen. In den vorgeheizten Backofen (mittlere Schiene) schieben und die Cupcakes 14–15 Minuten backen (Stäbchenprobe machen!). Herausnehmen und auf einem Kuchengitter abkühlen lassen.

Passionsfrucht-Cupcakes

Für den Teig:

185 g weiche Butter

170 g feiner Zucker

1 TL Vanilleextrakt

3 Eier

125 g Frischkäse

1 EL Passionsfruchtfleisch

150 g Mehl

1/2 Päckchen Backpulver

60 ml Milch

Für das Passionsfrucht-Topping:

300 ml Sahne

knapp 2 EL Puderzucker

Fruchtfleisch von 2 Passionsfrüchten

Außerdem:

Papier-Muffinförmchen

Für 15 Mini-Cupcakes

Den Backofen auf 180 °C (Umluft 160 °C, Gas Stufe 3) vorheizen. 15 Mini-Muffinblechmulden mit Papier-Muffinförmchen auslegen.

Für den Teig in einer Schüssel Butter, Zucker und Vanille mit dem Handrührer hell-cremig schlagen. Nach und nach die Eier zugeben und unterrühren. Frischkäse und Passionsfruchtfleisch zugeben und alles glatt rühren. Das Mehl mit dem Backpulver mischen und portionsweise abwechselnd mit der Milch einarbeiten.

Den Teig auf die Förmchen verteilen. In den vorgeheizten Backofen (mittlere Schiene) schieben und die Cupcakes ca. 15 Minuten backen (Stäbchenprobe machen!). Herausnehmen und auf einem Kuchengitter abkühlen lassen.

Für das Passionsfrucht-Topping in einem Rührbecher die Sahne mit dem gesiebten Puderzucker steif schlagen. In jeden Cupcake eine Vertiefung schneiden, dabei sollte ein 1 Zentimeter breiter Rand stehen bleiben. Die Sahne in einen Spritzbeutel mit 1 Zentimeter breiter Sterntülle geben, jeweils etwas Sahne dekorativ in die Vertiefungen spritzen und mit etwas Passionsfruchtfleisch garnieren.

Baklava-Cupcakes

Für die Baklava-Füllung:

50 g Walnusskerne

60 g geschälte Mandeln

50 g Butter

100 g Rohrohrzucker (Demerara)

2 TL gemahlener Zimt

Für den Teig:

180 g Butter

140 g weicher brauner Zucker (Mascobado)

3 Eier

150 g Mehl

1/2 Päckchen Backpulver

1/8 l Buttermilch

Außerdem:

Mini-Papier-Muffinförmchen

ca. 90 g flüssiger Honig zum Bestreichen

Für 36 Mini-Cupcakes

Den Backofen auf 180 °C (Umluft 160 °C, Gas Stufe 3) vorheizen. 36 Mini-Muffinblechmulden mit Papier-Muffinförmchen auslegen.

Für die Baklava-Füllung die Walnüsse und die Mandeln hacken. Die Butter in einem kleinen Topf zerlassen. In einer Schale Nüsse, Mandeln, Butter, Zucker und Zimt vermischen und beiseite stellen.

Für den Teig in einer Schüssel Butter und Zucker mit dem Handrührer hell-cremig schlagen. Nach und nach die Eier zugeben und jeweils gut unterrühren. Das Mehl mit dem Backpulver mischen, portionsweise abwechselnd mit der Milch unterheben und alles zu einem glatten Teig rühren.

Die Hälfte des Teigs auf die Förmchen verteilen. Die Hälfte der Füllung jeweils darauf verstreichen und mit der zweiten Hälfte des Teigs bedecken. Die restliche Füllung wiederum darauf verteilen. In den vorgeheizten Backofen (mittlere Schiene) schieben und die Cupcakes 10–12 Minuten backen (Stäbchenprobe machen!). Herausnehmen und noch heiß mit flüssigem Honig beträufeln.

Pflaumen-Mandel-Cupcakes

Für den Teig:
100 g Butter
825 g Pflaumen (Glas)
180 g Mehl
1/2 Päckchen Backpulver
1 1/2 TL gemahlener Zimt
3 Eier
200 g weicher brauner Zucker (Mascobado)
50 g geschälte Mandeln

Für die Schokoladencreme:
200 g weiße Schokolade
1/8 l Sahne
200 g Frischkäse
40 g Puderzucker
rote Lebensmittelfarbe

Außerdem:
Papier-Muffinförmchen
kandierte Rosenblütenblätter zum Dekorieren

Für 18 Cupcakes

Den Backofen auf 160 °C (Umluft 140 °C, Gas Stufe 2–3) vorheizen. 18 Muffinblechmulden mit Papier-Muffinförmchen auslegen.

Für den Teig in einem Topf die Butter zerlassen und wieder abkühlen lassen. Die Pflaumen in einen Sieb abtropfen lassen und den Saft dabei auffangen. Das Mehl mit dem Backpulver und dem Zimt in eine Schüssel sieben. Die abgekühlte Butter mit den Eiern verquirlen und mit der Mehlmischung vermengen. Die Mandeln und die Pflaumen getrennt hacken, beides in die Schüssel geben und alles mit dem Handrührer glatt rühren.

Den Teig auf die Förmchen verteilen. In den vorgeheizten Backofen (mittlere Schiene) schieben und die Cupcakes ca. 15 Minuten backen (Stäbchenprobe machen!). Herausnehmen und auf einem Kuchengitter abkühlen lassen.

Für die Schokoladencreme die Schokolade hacken und in einem kleinen Topf mit der Sahne mischen. Auf dem Herd bei geringer Hitze verrühren, bis die Schokolade geschmolzen ist. Schokoladenmischung, Frischkäse und gesiebten Puderzucker in einer Schüssel mit dem Handrührer glatt rühren. Die Mischung mit einigen Tropfen Lebensmittelfarbe rosa färben. Zugedeckt ca. 2 Stunden kalt stellen, danach sollte die Creme beginnen, fest zu werden. Nochmals kurz mit dem Handrührer aufschlagen. Die Cupcakes mit der Schokoladencreme bedecken und mit den Blütenblättern verzieren.

Mango-Cupcakes mit Limettensirup

Für den Teig:

850 g Mangoscheiben in Sirup (Dose)
180 g weiche Butter
120 g feiner Zucker
4 Eier
220 g Mehl
3 gestrichene TL Backpulver
4 EL gemahlene Mandeln
4 EL Kokosmilch

Für den Limettensirup:

4 EL Limettensaft
110 g feiner Zucker

Außerdem:

Fett für die Form
1 Schaschlikspieß

Für 8 Cupcakes

Für den Teig die Mangoscheiben in einem Sieb abtropfen lassen und den Saft dabei auffangen. Den Backofen auf 200 °C (Umluft 180 °C, Gas Stufe 4) vorheizen. 8 Muffinblechmulden fetten und mit den Mangoscheiben auslegen.

Die Butter und den Zucker in einer Schüssel mit dem Handrührer hell-cremig aufschlagen. Nach und nach die Eier zugeben und gut unterrühren. Das Mehl mit dem Backpulver mischen und unterheben, zum Schluss Mandeln und Kokosmilch einarbeiten.

Den Teig auf die Förmchen verteilen. In den vorgeheizten Backofen (mittlere Schiene) schieben und die Cupcakes ca. 25 Minuten backen (Stäbchenprobe machen!). Herausnehmen und zum Abkühlen auf ein Kuchengitter setzen.

Währenddessen für den Limettensirup in einem Topf Limettensaft, 1/8 Liter Wasser und Zucker unter Rühren bei geringer Temperatur erhitzen, bis sich die Zuckerkristalle aufgelöst haben. Die Hitze etwas erhöhen und den Sirup ca. 10 Minuten köcheln lassen.

Mit einem Schaschlikspieß in jeden Cupcake einige Löcher stechen, mit dem Sirup beträufeln und 5 Minuten durchziehen lassen. Auf Tellern anrichten und möglichst sofort servieren.

Orangencreme-Cupcakes

Für den Teig:

180 g weiche Butter

170 g feiner Zucker

3 Eier

160 g Mehl

1/2 Päckchen Backpulver

1 TL abgeriebene Schale und 1 EL Saft von 1 unbehandelten Orange

Für das Orangen-Topping:

250 g Puderzucker

125 g weiche Butter

1 EL Orangensaft

Außerdem:

Papier-Muffinförmchen

Puderzucker zum Bestäuben

Für 12 Cupcakes

Den Backofen auf 180 °C (Umluft 160 °C, Gas Stufe 3) vorheizen. 12 Muffinblechmulden mit Papier-Muffinförmchen auslegen.

Für den Teig in einer Schüssel Butter und Zucker mit dem Handrührer hell-cremig aufschlagen. Nach und nach die Eier zugeben und gut unterrühren. Das Mehl mit dem Backpulver mischen und mit Orangenschale und -saft unter die Butter-Eier-Mischung heben.

Den Teig auf die Förmchen verteilen. In den vorgeheizten Backofen (mittlere Schiene) schieben und die Cupcakes 12–15 Minuten backen (Stäbchenprobe machen!). Herausnehmen und auf einem Kuchengitter gut auskühlen lassen.

Für das Orangen-Topping in einer Rührschüssel gesiebten Puderzucker, Butter und Orangensaft mit dem Handrührer glattrühren. Die Cupcakes dekorativ damit bedecken und mit etwas gesiebtem Puderzucker bestäuben.

Maronen-Cupcakes

Für den Teig:

125 g weiche Butter

230 g feiner Zucker

1 TL Vanilleextrakt

150 g ungesüßtes Maronenpüree (Fertigprodukt)

3 Eier

150 g Mehl

1/2 Päckchen Backpulver

80 ml Milch

Für die Schokoladenglasur:

250 g Zartbitterschokolade

180 ml Sahne

Außerdem:

Mini-Papier-Muffinförmchen

36 Zucker-Dekoblümchen

Für 36 Mini-Cupcakes

Den Backofen auf 180 °C (Umluft 160 °C, Gas Stufe 3) vorheizen. 36 Mini-Muffinblechmulden mit Papier-Muffinförmchen auslegen.

Für den Teig in einer Schüssel Butter, Zucker und Vanille mit dem Handrührer hell-cremig aufschlagen. Das Maronenpüree einrühren und noch ca. 1 Minute weiterschlagen, danach sollte eine geschmeidige Masse entstanden sein. Die Eier nach und nach zugeben und gut unterrühren. Das Mehl mit dem Backpulver mischen und portionsweise abwechselnd mit der Milch einarbeiten.

Den Teig auf die Förmchen verteilen. In den vorgeheizten Backofen (mittlere Schiene) schieben und die Cupcakes ca. 15 Minuten backen (Stäbchenprobe machen!). Herausnehmen und auf einem Kuchengitter auskühlen lassen.

Für die Schokoladenglasur die Schokolade grob hacken und mit der Sahne in eine hitzebeständige Schale geben. Über einem heißen Wasserbad erwärmen und rühren, bis die Schokolade geschmolzen ist. Vom Herd nehmen und etwas abkühlen lassen.

Die Oberseite der Cupcakes in die Schokoladenglasur tauchen, auf eine Kuchenplatte setzen und dann jeweils mit einem Zuckerblümchen verzieren.

Safran-Cupcakes

Für den Teig:

100 g Butter

180 ml Orangensaft

3 TL abgeriebene Schale von 1 unbehandelten Orange

1/2 TL Safranfäden

2 Eier

125 g Puderzucker

1 TL Vanilleextrakt

180 g Mehl

1/2 Päckchen Backpulver

150 g gemahlene Mandeln

Für das Mascarpone-Safran-Topping:

1/2 TL Safranfäden

2 EL Orangensaft

250 g Mascarpone

60 g Puderzucker

Außerdem:

Papier-Muffinförmchen

Für 24 Cupcakes

Den Backofen auf 180 °C (Umluft 160 °C, Gas Stufe 3) vorheizen. 24 Muffinblechmulden mit Papier-Muffinförmchen auslegen.

Für den Teig in einem kleinen Topf die Butter zerlassen und wieder abkühlen lassen. In einem zweiten Topf Orangensaft und -schale mit dem Safran zum Kochen bringen und 1 Minuten köcheln lassen. Vom Herd nehmen und ebenfalls abkühlen lassen.

In einer Schüssel Eier, gesiebten Puderzucker und Vanille mit dem Handrührer hell-cremig schlagen. Mehl und Backpulver mischen und mit Mandeln und abgekühlter Butter unterarbeiten. Den Teig auf die Förmchen verteilen. In den vorgeheizten Backofen (mittlere Schiene) schieben und die Cupcakes 18–20 Minuten backen (Stäbchenprobe machen!). Herausnehmen und auf einem Kuchengitter vollständig abkühlen lassen.

Für das Mascarpone-Safran-Topping die Safranfäden mit dem Orangensaft in einem kleinen Topf erhitzen und 1 Minute köcheln lassen. Die Safranfäden in ein Sieb gießen und beiseite stellen.

In einer kleinen Schüssel Mascarpone und gesiebten Puderzucker verrühren. In einen großen Spritzbeutel mit Sterntülle füllen, jeden Cupcake mit einem Klecks der Mischung verzieren und obenauf ein paar Safranfäden setzen.

Tipp: Nach Belieben können Sie zusätzlich 1/4 Teelöffel gemahlenen Kardamom unter das Mascarpone-Safran-Topping mischen. Allerdings sollten Sie ihn nur kurz untermischen, da der Mascarpone sonst gerinnen könnte.

Kokos-Ingwer-Cupcakes mit Limettenglasur

Für den Teig:

50 g kandierter Ingwer

150 g Butter

170 g feiner Zucker

2 TL Schale von 1 unbehandelten Limette

2 Eier

220 g Mehl

3 gestrichene TL Backpulver

45 g Kokosraspel

180 ml Milch

Für die Limettenglasur:

125 g gesiebter Puderzucker

1 EL weiche Butter

1 TL Schale von 1 unbehandelten Limette

2 EL Limettensaft

Außerdem:

Mini-Papier-Muffinförmchen

Für 36 Mini-Cupcakes

Den Backofen auf 180 °C (Umluft 160 °C, Gas Stufe 3) vorheizen. 36 Mini-Muffinblechmulden mit Papier-Muffinförmchen auslegen.

Für den Teig den Ingwer fein würfeln. In einer Schüssel Butter, Zucker und Limettenschale mit dem Handrührer hell-cremig aufschlagen. Nach und nach die Eier unterrühren. Den Ingwer zugeben. Das Mehl mit Backpulver und Kokosrapseln mischen und portionsweise abwechselnd mit der Milch einarbeiten.

Den Teig auf die Förmchen verteilen. In den vorgeheizten Backofen (mittlere Schiene) schieben und die Cupcakes ca. 15 Minuten backen (Stäbchenprobe machen!). Herausnehmen und auf einem Kuchengitter abkühlen lassen.

Für die Limettenglasur alle angegebenen Zutaten mischen, dabei so viel Limettensaft zugeben, dass eine glatte, dickflüssige Paste entsteht. Die Cupcakes mit der Glasur bestreichen.

Hawaii-Cupcakes mit Macadamianüssen

Für den Teig:

180 g Mehl

1/2 Päckchen Backpulver

1/2 TL gemahlener Zimt

170 g feiner Zucker

45 g Kokosraspel

3 Eier

220 g Ananas (Dose)

70 g Macadamianusskerne

180 ml Sonnenblumenöl

Für die Zitronen-Frischkäse-Creme:

90 g Frischkäse

45 g weiche Butter

1 1/2 EL Zitronensaft

280 g Puderzucker

Außerdem:

Papier-Muffinförmchen

Für 18 Cupcakes

Den Backofen auf 180 °C (Umluft 160 °C, Gas Stufe 3) vorheizen. 18 Muffinblechmulden mit Papier-Muffinförmchen auslegen.

Für den Teig das Mehl mit dem Backpulver und dem Zimt in eine große Schüssel sieben, den Zucker und die Kokosraspel untermischen. Die Eier verquirlen, die Ananas im Mixer oder mit dem Mixstab grob pürieren, die Nüsse hacken und 20 Gramm davon für die Garnitur beiseite stellen. Die übrigen Nüsse mit den anderen vorbereiteten Zutaten und dem Öl zur Mehlmischung geben und gut untermengen.

Den Teig auf die Förmchen verteilen. In den vorgeheizten Backofen (mittlere Schiene) schieben und die Cupcakes 18–20 Minuten backen (Stäbchenprobe machen!). Herausnehmen und auf einem Kuchengitter abkühlen lassen.

Für die Zitronen-Frischkäse-Creme in einer Schüssel Frischkäse und Butter mit dem Handrührer glatt rühren. Zitronensaft und gesiebten Puderzucker zugeben und alles gut mischen. Die Cupcakes jeweils mit 1 großen Klecks der Creme garnieren und mit beiseitegestellten Macadamianüssen bestreuen.

Sauerkirsch-Cupcakes

Papier-Muffinförmchen
200 g Schattenmorellen (Glas)
125 g weiche Butter
170 g feiner Zucker
2 Eier
180 g Mehl
1/2 Päckchen Backpulver
1/8 l Milch

Für 18 Cupcakes

Den Backofen auf 180 °C (Umluft 160 °C, Gas Stufe 3) vorheizen. 18 Mulden eines Muffinblechs mit Papier-Muffinförmchen auslegen.

Die Kirschen in ein Sieb geben und abtropfen lassen, den Saft dabei auffangen. In einer Schüssel Butter und Zucker mit dem Handrührer ganz kurz aufschlagen. Die Eier eines nach dem anderen sorgfältig unterrühren. Das Mehl mit dem Backpulver mischen und portionsweise abwechselnd mit der Milch einarbeiten. Die gut abgetropften Kirschen vorsichtig unterheben.

Den Teig auf die Förmchen verteilen. In den vorgeheizten Backofen (mittlere Schiene) schieben und die Cupcakes 18–20 Minuten backen (Stäbchenprobe machen!). Herausnehmen und auf einem Kuchengitter abkühlen lassen. Mit gesiebtem Puderzucker bestäuben und möglichst sofort genießen.

Basilikum-Olivenöl-Cupcakes

Für den Teig:

3 Eier

200 g feiner Zucker

je 3 TL abgeriebene Schale von 1 unbehandelten Orange und Zitrone

180 ml Olivenöl

300 g Mehl

1 Päckchen Backpulver

80 ml Milch

80 ml Orangensaft

Für das Basilikum-Topping:

2 EL Basilikumblättchen

370 g Puderzucker

90 g weiche Butter

60 ml Milch

1 TL Vanilleextrakt

Außerdem:

Papier-Muffinförmchen

kleine Basilikumblättchen zum Garnieren

Für 18 Cupcakes

Den Backofen auf 180 °C (Umluft 160 °C, Gas Stufe 3) vorheizen. 18 Muffinblechmulden mit Papier-Muffinförmchen auslegen.

Für den Teig in einer großen Schüssel Eier und Zucker verquirlen. Die Zitrusschalen zugeben und wie das Olivenöl mit einem Kochlöffel ca. 30 Sekunden unterrühren.

Den Teig auf die Förmchen verteilen. In den vorgeheizten Backofen (mittlere Schiene) schieben und die Cupcakes ca. 15 Minuten backen (Stäbchenprobe machen!). Herausnehmen und auf einem Kuchengitter abkühlen lassen.

Für das Basilikum-Topping das Basilikum mit einem sehr scharfen Messer hacken. In einer Schüssel die Hälfte des gesiebten Puderzuckers, Butter, Milch, Vanille und Basilikum mit dem Handrührer glatt und cremig rühren. Nach und nach den restlichen gesiebten Puderzucker zugeben, bis die Creme dicklich wird. Die Cupcakes jeweils mit 1 großen Klecks Basilikumcreme garnieren und mit Basilikumblättchen verzieren.

Erdbeer-Cupcakes

Für den Teig:

180 g weiche Butter

170 g feiner Zucker

1 TL Vanilleextrakt

2 Eier

150 g Mehl

1/2 Päckchen Backpulver

1/8 l Milch

3 EL Erdbeerkonfitüre

Für die Erdbeerglasur:

125 g Puderzucker

1 EL weiche Butter

rote Lebensmittelfarbe

100 g Erdbeergelee

Außerdem:

ca. 30 g Kokosraspel zum Bestreuen

Für 12 Cupcakes

Den Backofen auf 180 °C (Umluft 160 °C, Gas Stufe 3) vorheizen. 12 Muffinblechmulden mit Papier-Muffinförmchen auslegen.

Für den Teig in einer Schüssel Butter, Zucker und Vanille mit dem Handrührer hell-cremig aufschlagen. Nach und nach die Eier zugeben und unterrühren. Das Mehl mit dem Backpulver mischen und portionsweise abwechselnd mit der Milch einarbeiten. Die Konfitüre mit einem Esslöffel nur leicht untermischen.

Den Teig auf die Förmchen verteilen. In den vorgeheizten Backofen (mittlere Schiene) schieben und die Cupcakes ca. 15 Minuten backen (Stäbchenprobe machen!). Herausnehmen und auf einem Kuchengitter abkühlen lassen.

Für die Erdbeerglasur in einer Schüssel gesiebten Puderzucker und Butter mischen und so viel heißes Wasser zugeben, dass eine streichfähige Paste entsteht. Die Glasur mit ein paar Tropfen Lebensmittelfarbe hellrosa färben und die Cupcakes damit bestreichen. Das Erdbeergelee in einen Spritzbeutel mit kleiner Lochtülle füllen. Quer über die Cupcakes jeweils einen Streifen Gelee setzen und die Törtchen mit Kokosraspeln bestreuen.

Orientalische Orangencreme-Cupcakes

Für den Teig:

125 g Butter

90 g Mehl

1 gehäufter TL Backpulver

60 g feiner Grieß

50 g gemahlene Mandeln

1 TL gemahlener Kardamom

170 g feiner Zucker

2 Eier

80 ml Milch

Für die Orangencreme:

2 Eigelb und 1 Ei

50 g feiner Zucker

2 TL abgeriebene Schale und 60 ml Saft von 1 unbehandelten Blutorange

75 g Butter

Außerdem:

Mini-Papier-Muffinförmchen

Pistazienkerne zum Dekorieren

Für 24 Mini-Cupcakes

Den Backofen auf 180 °C (Umluft 160 °C, Gas Stufe 3) vorheizen. 24 Mini-Muffinblechmulden mit Papier-Muffinförmchen auslegen.

Für den Teig in einem Topf die Butter zerlassen und wieder abkühlen lassen. In einer Schüssel das Mehl mit Backpulver, Grieß, Mandeln, Kardamom und Zucker mischen und in die Mitte eine Mulde drücken. Die abgekühlte Butter in einem Rührbecher mit den Eiern und der Milch verquirlen. Die Mischung in die Mehlmulde geben und alles zu einem glatten Teig verarbeiten.

Den Teig auf die Förmchen verteilen. In den vorgeheizten Backofen (mittlere Schiene) schieben und die Cupcakes 10–12 Minuten backen (Stäbchenprobe machen!). Herausnehmen und auf einem Kuchengitter abkühlen lassen.

Für die Orangencreme in einem Topf Eigelbe, Ei, Zucker und Orangenschale verquirlen. Orangensaft und Butter zugeben und die Mischung bei geringer Hitze 2–3 Minuten rühren, danach sollte die Creme dick geworden sein. In eine Schüssel geben und im Kühlschrank erkalten lassen. Danach die Cupcakes mit der Creme bestreichen und jeweils mit 1 Pistazie garnieren.

Für besondere Gelegenheiten

Wenn das Beste gerade gut genug ist:
die Hochkultur der Cupcakes.

Himbeer-Grieß-Cupcakes

Für den Teig:
180 g Butter
125 g feiner Grieß
60 g Mehl
1 gehäufter TL Backpulver
170 g feiner Zucker
1 TL Vanilleextrakt
250 g Naturjoghurt
150 g Himbeeren

Für das Himbeer-Topping:
240 g Himbeeren
1 Eiweiß
75 g feiner Zucker
125 g weiche Butter
180 g Puderzucker
2 TL Milch

Außerdem:
Papier-Muffinförmchen

Für 24 Cupcakes

Den Backofen auf 180 °C (Umluft 160 °C, Gas Stufe 3) vorheizen. 24 Muffinblechmulden mit Papier-Muffinförmchen auslegen.

Für den Teig in einem Topf die Butter zerlassen und wieder abkühlen lassen. In einer Schüssel Grieß, Mehl, Backpulver und Zucker mischen. Butter mit Vanille und Joghurt zugeben und alles zügig zu einem glatten Teig verarbeiten. Die Himbeeren vorsichtig unterheben.

Den Teig auf die Förmchen verteilen. In den vorgeheizten Backofen (mittlere Schiene) schieben und die Cupcakes ca. 15 Minuten backen (Stäbchenprobe machen!). Herausnehmen und auf einem Kuchengitter abkühlen lassen.

Für das Himbeer-Topping jede Himbeere einzeln vorsichtig mit verquirltem Eiweiß bestreichen. Den Zucker auf einen Teller geben und die Früchte behutsam darin wenden. Vorsichtig auf ein mit Backpapier ausgelegtes Blech setzen und die süße Hülle der Himbeeren ca. 1 Stunde trocknen lassen.

In einer Schüssel Butter, gesiebten Puderzucker und Milch mit dem Handrührer glatt rühren. Die Cupcakes dekorativ mit der Creme bestreichen und jeweils mit 1 verzuckerten Himbeere verzieren.

Double-Chocolate-Cupcakes

Für den Teig:
200 g Zartbitterschokolade
150 g Butter
180 g Mehl
1/2 Päckchen Backpulver
30 g dunkles Kakaopulver
280 g feiner Zucker
2 Eier

Für die Schokoladencreme:
280 g Zartbitterschokolade
40 g Butter

Außerdem:
Papier-Muffinförmchen

Für 18 Cupcakes

Den Backofen auf 160 °C (Umluft 140 °C, Gas Stufe 2) vorheizen. 18 Muffinblechmulden mit Papier-Muffinförmchen auslegen.

Für den Teig die Schokolade hacken und mit der Butter in eine hitzebeständige Schale geben. So auf ein heißes Wasserbad setzen, dass der Boden der Schale das Wasser nicht berührt. Schokolade und Butter unter ständigem Rühren schmelzen lassen.

Das Mehl mit Backpulver und Kakao in eine große Schüssel sieben und die Schokoladenmischung untermengen. Den Teig auf die Förmchen verteilen. In den vorgeheizten Backofen (mittlere Schiene) schieben und die Cupcakes 20–25 Minuten backen (Stäbchenprobe machen!). Herausnehmen und auf einem Kuchengitter vollständig abkühlen lassen.

Für die Schokoladencreme 30 Gramm Schokolade mit einem scharfen Messer zu feinen Röllchen schneiden und bereitstellen. Die restliche Schokolade hacken und mit der Butter in einer Schale so auf ein Wasserbad setzen, dass der Boden der Schale das Wasser nicht berührt. Schokolade und Butter unter ständigem Rühren schmelzen lassen. Die Cupcakes dekorativ mit der Schokoladencreme bedecken und mit Schokoladenröllchen verzieren. Sofort servieren,

Erdbeer-Marmor-Cupcakes

Für den Teig:

180 g Butter

170 g feiner Zucker

3 Eier

150 g Mehl

1/2 Päckchen Backpulver

1/8 l Milch

1/4 TL rote Lebensmittelfarbe

Für die Erdbeercreme:

2 TL Puderzucker

1 EL Erdbeerlikör

6 halbierte Erdbeeren

ca. 12 EL Erdbeereiscreme

Außerdem:

Papier-Muffinförmchen

Für 12 Cupcakes

Den Backofen auf 160 °C (Umluft 140 °C, Gas Stufe 2) vorheizen. 12 Muffinblechmulden mit Papier-Muffinförmchen auslegen.

Für den Teig in einer Schüssel Butter und Zucker mit dem Handrührer hell-cremig aufschlagen. Die Eier nach und nach unterrühren. Das Mehl mit dem Backpulver mischen und portionsweise abwechselnd mit der Milch einarbeiten. Den Teig mit der Lebensmittelfarbe vorsichtig marmorieren (nicht zu lange rühren!).

Den Teig auf die Förmchen verteilen. In den vorgeheizten Backofen (mittlere Schiene) schieben und die Cupcakes ca. 15 Minuten backen (Stäbchenprobe machen!). Herausnehmen und auf einem Kuchengitter abkühlen lassen.

Für die Erdbeercreme in einer Schüssel gesiebten Puderzucker und Erdbeerlikör verrühren, bis sich der Zucker aufgelöst hat. Die Erdbeerhälften zugeben und in der Mischung wenden. Beiseite stellen und 5 Minuten ziehen lassen.

In jeden Cupcake so eine Mulde schneiden, dass ein ca. 1 Zentimeter breiter Rand stehen bleibt. Jeweils 1 Esslöffel Eiscreme hineingeben und obenauf 1 überzogene Erdbeerhälfte setzen. Sofort servieren.

Dattel-Sirup-Cupcakes

Für den Teig:

270 g getrocknete Datteln ohne Stein

1 TL Natron

60 g Butter

180 g Mehl

1/2 Päckchen Backpulver

125 g weicher brauner Zucker (Mascobado)

2 Eier

Für den Karamell-Sahne-Sirup:

2 EL Karamellsirup

180 ml Sahne

90 g Butter

140 g weicher brauner Zucker (Mascobado)

Außerdem:

Papier-Muffinförmchen

Vanille- oder Zitroneneiscreme zum Servieren

1 Schaschlikspieß

Für 6 Cupcakes

Den Backofen auf 180 °C (Umluft 160 °C, Gas Stufe 3) vorheizen. 6 Muffinblechmulden mit Papier-Muffinförmchen auslegen.

Für den Teig die Datteln hacken und in einem Topf mit 1/4 Liter Wasser aufkochen. Vom Herd nehmen und das Natron untermischen. Die Butter in Stücke schneiden und in der heißen Mischung unter Rühren zerlassen.

Das Mehl mit dem Backpulver in eine große Schüssel sieben und mit dem braunen Zucker mischen. In die Mitte eine Mulde drücken und die Dattelmischung hineingeben. Alles zügig vermischen.

Den Teig auf die Förmchen verteilen. In den vorgeheizten Backofen (mittlere Schiene) schieben und die Cupcakes ca. 20 Minuten backen (Stäbchenprobe machen!). Herausnehmen, im Blech abkühlen lassen, danach auf Kuchenteller setzen.

Für den Karamell-Sahne-Sirup in einem kleinen Topf Karamellsirup, Sahne, Butter und Zucker mischen und bei geringer Hitze 3–4 Minuten rühren, bis sich die Zuckerkristalle aufgelöst haben. Aufkochen und unter gelegentlichem Rühren 2 Minuten weiterköcheln lassen. Die Cupcakes mehrfach mit einem Schaschlikspieß einstechen und mit dem Sirup beträufeln. Zusammen mit 1 kleinen Kugel Eiscreme servieren.

BUTTONS BY Rex
DISTRIBUTED BY REX C. NORRIS PTY. LTD.
WILL LAUNDER and DRY CLEAN

Mousse-au-Chocolat-Cupcakes

Für den Teig:
100 g weiße Schokolade
125 g Butter
230 g feiner Zucker
120 g Mehl
knapp 2 gestrichene TL Backpulver
1 Ei
1 TL Vanilleextrakt
1/8 l Milch

Für das Mousse-Topping:
375 g Zartbitterschokolade
1 Eigelb
2 EL feiner Zucker
1/2 l Sahne

Außerdem:
Papier-Muffinförmchen
dunkles Kakaopulver zum Bestäuben

Für 24 Cupcakes

Den Backofen auf 160 °C (Umluft 140 °C, Gas Stufe 2) vorheizen. 24 Muffinblechmulden mit Papier-Muffinförmchen auslegen.

Für den Teig die weiße Schokolade grob hacken und in einem kleinen Topf mit der Butter und dem Zucker bei geringer Hitze verrühren, bis sich Schokolade und Zucker aufgelöst haben. Vom Herd nehmen und etwas abkühlen lassen.

Das Mehl mit dem Backpulver in eine Schüssel sieben und in die Mitte eine Mulde drücken. Ei, Vanille und Milch in einer Schale verquirlen und wie die Schokoladenmischung in die Mehlmulde geben. Alles zu einem glatten Teig vermengen und so auf die Förmchen verteilen, dass sie etwa zur Hälfte gefüllt sind. In den vorgeheizten Backofen (mittlere Schiene) schieben und die Cupcakes 15–18 Minuten backen (Stäbchenprobe machen!). Herausnehmen und auf einem Kuchengitter gut auskühlen lassen.

Für das Mousse-Topping die Schokolade hacken, in einem Topf schmelzen, beiseite stellen. Eigelb und Zucker in einer hitzebeständigen Schüssel so auf ein heißes Wasserbad setzen, dass die Schüssel das Wasser nicht berührt, und beides zu einer dicken Creme aufschlagen.

Die Sahne steif schlagen, mit der geschmolzenen Schokolade zur Eimischung geben und mit dem Handrührer 1–2 Minuten aufschlagen. Die Cupcakes dekorativ mit der Mousse bedecken. Nach Belieben dabei etwas von der Mousse zurückbehalten, in einen Spritzbeutel mit Sterntülle füllen und in Tupfen obenauf setzen. Die Cupcakes vor dem Servieren ca. 1 Stunde kalt stellen.

Orangen-Mandel-Cupcakes ohne Mehl

Für den Teig:

2 unbehandelte Orangen

150 g gemahlene Mandeln

230 g feiner Zucker

1 TL Backpulver

1 TL Vanilleextrakt

1 TL Orangenlikör (z.B. Grand Marnier)

6 Eier

Für die Orangencreme:

500 g saure Sahne

125 g Puderzucker

2 TL abgeriebene Schale von 1 unbehandelten Orange

Außerdem:

Papier-Muffinförmchen

30 g Mandelblättchen

Für 24 Cupcakes

Für den Teig die Orangen heiß abbrausen und in einem Topf mit Wasser bedecken. Einen passenden Teller so auf die Orangen legen, dass sie unter der Wasseroberfläche bleiben. Langsam zum Kochen bringen und ca. 40 Minuten leise köcheln lassen, danach sollten sie sehr weich sein. Die Orangen vierteln und abkühlen lassen, ggf. von vorhandenen Kernen befreien.

Den Backofen auf 180 °C (Umluft 160 °C, Gas Stufe 3) vorheizen. 24 Muffinblechmulden mit Papier-Muffinförmchen auslegen.

Die abgekühlten Orangen im Mixer glatt pürieren. Gemahlene Mandeln, Zucker, Backpulver, Vanille und Orangenlikör rasch unterarbeiten. Die Eier zugeben und ebenfalls zügig untermischen.

Den Teig auf die Förmchen verteilen. In den vorgeheizten Backofen (mittlere Schiene) schieben und die Cupcakes 15–18 Minuten backen (Stäbchenprobe machen!). Herausnehmen und im Blech vollständig abkühlen lassen.

Für die Orangencreme saure Sahne, gesiebten Puderzucker und Orangenschale verquirlen, bis die Mischung dick wird. Die Mandelblättchen in einer Pfanne ohne Zugabe von Fett leicht anrösten. Jeden Cupcake mit 1 Klecks Orangencreme und einigen Mandelblättchen garnieren.

Turkish-Delight-Cupcakes

Für den Teig:

180 g weiche Butter

300 g feiner Zucker

3 Eier

250 g Mehl

3 TL Backpulver

125 g dunkles Kakaopulver

1/8 l Milch

3 schokoladenüberzogene Lokum-Riegel (Turkish Delight, siehe Tipp) à 80 g

Für die Rosenwasserglasur:

250 g Puderzucker

1 EL Rosenwasser

rote Lebensmittelfarbe

Außerdem:

Mini-Papier-Muffinförmchen

Lokum (Turkish Delight) ohne Schokoladenüberzug zum Dekorieren

Für 36 Mini-Cupcakes

Den Backofen auf 180 °C (Umluft 160 °C, Gas Stufe 3) vorheizen. 36 Mini-Muffinblechmulden mit Papier-Muffinförmchen auslegen.

Für den Teig in einer Schüssel Butter und Zucker mit dem Handrührer hell-cremig aufschlagen. Eier nach und nach zufügen und jeweils gut untermischen. Mehl, Backpulver und Kakaopulver mischen und portionsweise abwechselnd mit der Milch untermischen. Das schokoladenüberzogene Turkish Delight in ca. 1 Zentimeter große Würfel schneiden und unterheben.

Den Teig auf die Förmchen verteilen. In den vorgeheizten Backofen (mittlere Schiene) schieben und die Cupcakes 18–20 Minuten backen (Stäbchenprobe machen!). Herausnehmen und auf einem Kuchengitter abkühlen lassen.

Für die Rosenwasserglasur den gesiebten Puderzucker in eine große Schüssel sieben. Das Rosenwasser mit 1 1/2 Teelöffeln heißem Wasser zugeben und glattrühren. Falls nötig, noch etwas Wasser zugeben. Die Glasur mit der Lebensmittelfarbe rosa färben. Die Cupcakes damit bestreichen und mit in kleine Würfel geschnittenem Turkish Delight ohne Schokoladenüberzug garnieren.

Tipp: Lokum ist eine orientalische Süßigkeit, die meist auf der Basis von Zuckersirup hergestellt wird. Man erhält es in türkischen Feinkostgeschäften oft unter dem englischen Namen Turkish Delight. Lokum ist übrigens nicht zu verwechseln mit Türkischem Honig.

Cupcakes mit Champagnergelee

Für den Teig:
150 g Butter
110 g feiner Zucker
1 TL Vanilleextrakt
2 Eier
180 g Mehl
1/2 Päckchen Backpulver
35 g gemahlene Mandeln
1/8 l Milch
130 g Brombeeren

Für das Champagnergelee:
3/4 l Champagner oder Sekt
2 EL Gelatinepulver
160 g Zucker
36 frische Brombeeren

Außerdem:
Papier-Muffinförmchen

Für 36 Cupcakes

Den Backofen auf 180 °C (Umluft 160 °C, Gas Stufe 3) vorheizen. 36 Muffinblechmulden mit Papier-Muffinförmchen auslegen.

Für den Teig in einer Schüssel Butter, Zucker und Vanille mit dem Handrührer hell-cremig schlagen. Nach und nach die Eier zugeben und untermischen. Das Mehl mit Backpulver und Mandeln mischen und portionsweise abwechselnd mit Milch und Brombeeren einarbeiten.

Den Teig so auf die Förmchen verteilen, dass diese etwa zur Hälfte gefüllt sind. In den vorgeheizten Backofen (mittlere Schiene) schieben und die Cupcakes 10–12 Minuten backen (Stäbchenprobe machen!). Herausnehmen und im Blech abkühlen lassen.

Für das Champagnergelee 1/2 Liter Champagner oder Sekt in eine Schüssel geben und warten, bis das Perlen nachlässt. Die Gelatine aufstreuen. Den restlichen Sekt in einem kleinen Topf mit dem Zucker bei geringer Hitze rühren, bis sich die Zuckerkristalle aufgelöst haben. Vom Herd nehmen, den Schaumwein mit der Gelatine zugeben und rühren, bis sich diese vollständig aufgelöst hat. Ca. 45 Minuten zugedeckt kalt stellen, danach sollte die Flüssigkeit zu gelieren beginnen.

Die Cupcakes jeweils dekorativ mit dem Gelee bedecken und mit 1 Brombeere garnieren. In den Kühlschrank stellen, bis das Gelee vollständig erstarrt ist.

Zitronen-Baiser-Cupcakes

Für den Teig:

90 g Butter

220 g Mehl

3 gestrichene TL Backpulver

50 g feiner Zucker

1 Ei und 1 Eigelb

Salz

170 ml Milch

1/2 TL Vanilleextrakt

Für Lemon-Curd-Füllung und Baiser:

200 g Lemon Curd (Fertigprodukt)

2 Eiweiß

120 g Zucker

Außerdem:

Fett für die Form

etwas feiner Zucker zum Bestreuen

Für 12 Cupcakes

Den Backofen auf 200 °C (Umluft 180 °C, Gas Stufe 4) vorheizen. 12 Muffinblechmulden fetten.

Für den Teig in einem Topf die Butter zerlassen und wieder abkühlen lassen. Mehl und Backpulver in eine große Schüssel sieben und Zucker untermischen. In die Mitte eine Mulde drücken. In einer Schale das Ei und das Eigelb mit 1 Prise Salz verquirlen, dann Milch, Vanille und abgekühlte Butter unterrühren.

Die Mischung in die Mehlmulde geben und zügig unterheben, bis eine klumpige Masse entstanden ist. Auf die Förmchen verteilen. Im vorgeheizten Backofen (mittlere Schiene) ca. 15 Minuten backen (die Cupcakes werden nur ein wenig aufgehen). Herausnehmen, im Blech etwas abkühlen lassen, dann mit einem scharfen Messer rundum ablösen, jedoch in der Form belassen. Die Törtchen mit einem Kugelausstecher aushöhlen, dabei rundherum einen ca. 7 Millimeter breiten Rand stehen lassen.

Für die Lemon-Curd-Füllung den Lemon Curd gut vermischen. In einen Spritzbeutel mit 1 Zentimeter breiter Lochtülle füllen und die Creme in die ausgehöhlten Cupcakes spritzen.

Für das Baiser in einer Schüssel die Eiweiße steif schlagen, dabei den Zucker nach und nach einrieseln lassen. Die Masse dekorativ auf die Cupcakes häufen und mit der Rückseite eines Löffels jeweils einige Spitzen formen. Mit etwas Zucker bestreuen.

Die Cupcakes nochmals für 5 Minuten in den heißen Backofen schieben, danach sollte das Baiser goldgelb sein. Behutsam aus dem Backofen nehmen und die Törtchen im Blech etwas abkühlen lassen, dann vorsichtig auf ein Kuchengitter setzen. Noch warm servieren.

Tipp: Lemon Curd ist ein in Großbritannien und USA beliebter Aufstrich von puddingartiger Konsistenz, der aus Schale und Saft von Zitronen und Limetten, Zucker, Eiern und Butter hergestellt wird. Man kann ihn z.B. als Brotbelag, solo als Dessert oder zum Füllen von süßem Gebäck verwenden und erhält ihn in gut sortierten Supermärkten.

Pretty-in-Pink-Cupcakes

Für den Teig:

180 g weiche Butter

170 g feiner Zucker

3 Eier

1 TL Vanilleextrakt

180 g Mehl

1/2 Päckchen Backpulver

1/8 l Milch

Für die Buttercreme:

250 g weiche Butter

250 g Puderzucker

80 ml Sahne

rote Lebensmittelfarbe

Außerdem:

Papier-Muffinförmchen

silberne Zuckerperlen zum Dekorieren

Für 16 Cupcakes

Den Backofen auf 180 °C (Umluft 160 °C, Gas Stufe 3) vorheizen. 16 Muffinblechmulden mit Papier-Muffinförmchen auslegen.

Für den Teig in einer Schüssel Butter und Zucker hell-cremig aufschlagen. Nach und nach Eier und Vanille zugeben und unterrühren. Das Mehl mit dem Backpulver mischen und portionsweise abwechselnd mit der Milch zugeben. Nur so lange rühren, bis eine halbwegs glatte Masse entstanden ist.

Den Teig auf die Förmchen verteilen. In den vorgeheizten Backofen (mittlere Schiene) schieben und die Cupcakes 15–18 Minuten backen (Stäbchenprobe machen!). Herausnehmen und auf einem Kuchengitter abkühlen lassen.

Für die Buttercreme in einer Schüssel Butter und gesiebten Puderzucker mit dem Handrührer glatt rühren. Die Sahne zugeben und 30 Sekunden auf hoher Stufe schlagen, bis eine luftige Masse entstanden ist. Die Buttercreme mit einigen Tropfen roter Lebensmittelfarbe rosa färben, kegelförmig auf die Cupcakes häufen und jeweils mit 1–2 Zuckerperlen garnieren.

Croquembouche-Cupcakes

Für die Windbeutel:
150 g Mehl, 80 g Butter
5 Eier

Für die Sahnefüllung:
1/4 l Milch, 2 Eigelb
2 EL feiner Zucker
2 EL Mehl
1 1/2 EL Orangenlikör (z.B. Grand Marnier)
200 ml Sahne

Für die Cake-Böden:
185 g weiche Butter
170 g feiner Zucker
1 TL Vanilleextrakt
3 Eier, 180 g Mehl
1/2 Päckchen Backpulver
1/8 l Milch

Für das Karamell-Topping:
350 g feiner Zucker

Für 16 Cupcakes

Den Backofen auf 210 °C (Umluft 190 °C, Gas Stufe 6–7) vorheizen. 2–3 Backbleche mit Backpapier auslegen.

Für die Windbeutel die Butter mit 310 Millilitern Wasser in einen Topf geben und unter Rühren aufkochen. Vom Herd nehmen, das Mehl dazusieben und alles gut verrühren. Wieder auf den Herd stellen und die Masse mit einem Holzlöffel kräftig rühren, bis sich der Teig als Kloß vom Topfboden löst. In eine große Schüssel geben und leicht abkühlen lassen. Nach und nach die Eier zugeben und gut einarbeiten, danach sollte ein schwerer, glänzender Teig entstanden sein.

Den Teig in einen Spritzbeutel mit großer Lochtülle füllen und 48 kleine Teighäufchen mit genügend Abstand auf die Backbleche setzen, so dass sie Platz zum Aufgehen haben. Mit etwas Wasser besprenkeln.

In den vorgeheizten Backofen (mittlere Schiene) schieben und in ca. 10 Minuten goldbraun backen. In den Boden jedes Windbeutels ein Loch stechen. Die Hitze auf 180 °C (Umluft 160 °C, Gas Stufe 3) reduzieren und in weiteren 5 Minuten fertigbacken.

Für die Sahnefüllung die Milch in einem Topf aufkochen. Vom Herd nehmen und etwas abkühlen lassen. In einer Schüssel Eigelbe, Zucker und Mehl hell aufschlagen. Nach und nach die Milch unterrühren. In einen sauberen Topf umfüllen und bei mittlerer Hitze rühren, bis die Mischung zu kochen beginnt und dick wird. Vom Herd nehmen und die Mischung mit dem Grand Marnier aromatisieren. Zugedeckt im Kühlschrank erkalten lassen. Inzwischen die Sahne steif schlagen und nach der Kühlzeit in die Füllung einarbeiten.

Für die Cake-Böden 16 Muffinblechmulden mit Papier-Muffinförmchen auslegen. In einer Schüssel Butter, Zucker und Vanille mit dem Handrührer hell-cremig aufschlagen. Mehl und Backpulver mischen und portionsweise abwechselnd mit der Milch einarbeiten.

Den Teig auf die Förmchen verteilen. In den vorgeheizten Backofen schieben und die Cupcakes 15 Minuten backen (Stäbchenprobe machen!). Herausnehmen und auf einem Kuchengitter vollständig abkühlen lassen.

Die Oberseite der Cupcakes waagerecht flach abschneiden. Die Sahnefüllung in einen Spritzbeutel mit einer 1 Zentimeter breiten Lochtülle füllen und durch die Löcher in die Windbeutel spritzen. Auf jedem Cake-Boden mithilfe von etwas Füllung pyramidenförmig 4 Windbeutel übereinanderschichten.

Für das Karamell-Topping in einem kleinen Topf den Zucker mit 170 Millilitern Wasser bei geringer Hitze verrühren, bis sich die Zuckerkristalle aufgelöst haben. Aufkochen und ohne Rühren ca. 10 Minuten köcheln lassen, bis ein goldener Sirup entstanden ist. Leicht abkühlen lassen und die Windbeutel mit dem Sirup beträufeln.

Tipp: Croquembouche ist der Name einer klassischen französischen Torte, die in ihrer Heimat bei besonders feierlichen Anlässen wie Hochzeiten kredenzt wird. Sie besteht aus zu einer Pyramide getürmten gefüllten Windbeuteln, die von Karamell oder Zuckerguss zusammengehalten werden.

Macadamia Cupcakes mit weißer Schokolade

Für den Teig:

100 g weiße Schokolade

80 g Macadamianusskerne

180 g weiche Butter

170 g feiner Zucker

1 TL Vanilleextrakt

3 Eier

150 g Mehl

1/2 Päckchen Backpulver

1/8 l Milch

Für die Zuckerglasur:

250 g Puderzucker, 2 Eiweiß

Außerdem:

Papier-Muffinförmchen

helle Zuckerdeko (z.B. Mini-Schmetterlinge oder -Blümchen)

Für 12 Cupcakes

Den Backofen auf 180 °C (Umluft 160 °C, Gas Stufe 3) vorheizen. 12 Muffinblechmulden mit Papier-Muffinförmchen auslegen.

Für den Teig die Schokolade und die Nüsse hacken. In einer Schüssel Butter, Zucker und Vanille mit dem Handrührer hell-cremig aufschlagen. Nach und nach die Eier zugeben und gut unterrühren. Mehl und Backpulver mischen und portionsweise abwechselnd mit Milch, Schokolade und Nüssen einarbeiten.

Den Teig auf die Förmchen verteilen. In den vorgeheizten Backofen (mittlere Schiene) schieben und die Cupcakes ca. 15 Minuten backen (Stäbchenprobe machen!). Herausnehmen und auf einem Kuchengitter abkühlen lassen.

Für die Zuckerglasur in einer Schüssel gesiebten Puderzucker und Eiweiße in 5 Minuten weiß-glänzend schlagen. Die Cupcakes jeweils mit der Glasur bedecken und mit der Zuckerdeko verzieren.

Schoko-Kirsch-Cupcakes

Für den Teig:

4 mit Schokolade umhüllte Kirschriegel (à ca. 55 g, Bioladen, ersatzweise 200 g getrocknete Kirschen und 50 g Zartbitterschokolade)

250 g Butter

230 g weicher brauner Zucker (Mascobado)

1 TL Vanilleextrakt

150 g Mehl

1/2 Päckchen Backpulver

45 g Kokosraspel

3 Eier

Für die Schokoladenglasur:

250 g Puderzucker

60 g dunkles Kakaopulver

20 g weiche Butter

Außerdem:

Papier-Muffinförmchen

12 Kirschen zum Dekorieren

Für 12 Cupcakes

Den Backofen auf 160 °C (Umluft 140 °C, Gas Stufe 2) vorheizen. 12 Muffinblechmulden mit Papier-Muffinförmchen auslegen.

Für den Teig Kirschriegel, Butter, Zucker und Vanille in eine hitzebeständige Schale geben und über dem Wasserbad unter Rühren schmelzen (der Boden der Schale darf das Wasser dabei nicht berühren).

Mehl, Backpulver und Kakaopulver in eine große Schüssel sieben und Kokosraspel zugeben. Schokoladenmischung und Eier ebenfalls zugeben und alles gut mischen.

Den Teig auf die Förmchen verteilen. In den vorgeheizten Backofen (mittlere Schiene) schieben und die Cupcakes 18–20 Minuten backen (Stäbchenprobe machen!). Herausnehmen und auf einem Kuchengitter abkühlen lassen.

Für die Schokoladenglasur gesiebten Puderzucker und Kakaopulver in einer großen Schüssel mischen. Die Butter zugeben und so viel kochendes Wasser unterrühren, dass eine glatte, streichfähige Masse entsteht. Die Cupcakes mit der Glasur bestreichen und jeweils mit 1 Kirsche garnieren.

Rumrosinen-Cupcakes

Für den Teig:

125 g Rosinen

60 ml Rum

145 g weicher brauner Zucker (Mascobado)

185 g weiche Butter

2 Eier

250 g Mehl

3 TL Backpulver

1/8 l Buttermilch

Für die Rum-Kaffee-Creme:

2 TL Instant-Kaffeepulver

250 g weiche Butter

375 g Puderzucker

60 ml Rum

Außerdem:

Mini-Papier-Muffinförmchen

24 Rosinen zum Dekorieren

Für 24 Mini-Cupcakes

Den Backofen auf 180 °C (Umluft 160 °C, Gas Stufe 3) vorheizen. 24 Mini-Muffinblechmulden mit Papier-Muffinförmchen auslegen.

Für den Teig in einem kleinen Topf Rosinen, Rum und 1 Esslöffel Zucker zum Kochen bringen und ca. 30 Sekunden köcheln. Vom Herd nehmen und abkühlen lassen.

In einer Schüssel Butter und Zucker mit dem Handrührer hell-cremig schlagen. Die Eier verquirlen und nach und nach unter die Butter-Zucker-Mischung rühren. In 2 Portionen das mit dem Backpulver vermischte Mehl und die Buttermilch unterheben. Die Rumrosinen ebenfalls untermischen. Den Teig auf die Förmchen verteilen.

In den vorgeheizten Backofen (mittlere Schiene) schieben und die Cupcakes 15 Minuten backen (Stäbchenprobe machen!). Herausnehmen und auf einem Kuchengitter abkühlen lassen.

Für die Rum-Kaffee-Creme das Kaffeepulver in 1 Esslöffel kochend heißem Wasser auflösen. In einer Schüssel Butter und gesiebten Puderzucker mit dem Handrührer hell-cremig aufschlagen. Die Hälfte des Rums und den Kaffee zugeben und luftig aufschlagen. Die Rosinen für die Dekoration im restlichen Rum einweichen. Die Cupcakes jeweils mit der Creme bedecken und mit einer Rumrosine garnieren.

Schoko-Cupcakes mit Vanilleeis

Für den Teig:

180 g Butter

330 g feiner Zucker

2 1/2 TL Vanilleextrakt

3 Eier

220 g Mehl

3 gestrichene TL Backpulver

1 1/2 TL Natron

90 g dunkles Kakaopulver

1/4 l Buttermilch

Für das Eiscreme-Topping:

Bourbon-Vanille-Eiscreme

Außerdem:

Fett für die Form

Für 10 Cupcakes

Den Backofen auf 180 °C (Umluft 160 °C, Gas Stufe 3) vorheizen. 10 Muffinblechmulden fetten.

Für den Teig in einer Schüssel Butter und Zucker mit dem Handrührer hell-cremig schlagen. Die Vanille unterrühren. Nach und nach die Eier zugeben und jeweils gut unterrühren. Mehl mit Backpulver, Natron und Kakao in eine Schüssel sieben und esslöffelweise abwechselnd mit der Buttermilch in die Butter-Zucker-Mischung einarbeiten.

Den Teig auf die Mulden verteilen. In den vorgeheizten Backofen (mittlere Schiene) schieben und die Cupcakes ca. 25 Minuten backen (Stäbchenprobe machen!). Herausnehmen und auf einem Kuchengitter gut auskühlen lassen.

In die Mitte jedes Cupcakes so eine Mulde schneiden, dass rundherum ein Rand stehen bleibt, und die Deckel beiseite legen. Die Mulden jeweils mit Eiscreme füllen, die passenden Deckel wieder obenauf setzen und die Cupcakes sofort servieren.

Marshmallow-Blüten-Cupcakes

Für den Teig:
180 g weiche Butter
170 g feiner Zucker
1 TL Vanilleextrakt
3 Eier
180 g Mehl
1/2 Päckchen Backpulver
1/8 l Milch
45 g Mini-Marshmallows

Für das Marshmallow-Topping:
375 g Puderzucker
2 Eiweiß
rote Lebensmittelfarbe
je 8 weiße und rosa Marshmallows
etwas goldgelbes Obstgelee

Außerdem:
Papier-Muffinförmchen

Für 16 Cupcakes

Den Backofen auf 180 °C (Umluft 160 °C, Gas Stufe 3) vorheizen. 16 Muffinblechmulden mit Papier-Muffinförmchen auslegen.

Für den Teig in einer Schüssel Butter, Zucker und Vanille mit dem Handrührer hell-cremig schlagen. Die Eier nach und nach unterrühren. Das Mehl mit dem Backpulver mischen und portionsweise abwechselnd mit der Milch unterheben. Die Mini-Marshmallows ebenfalls unterheben.

Den Teig auf die Förmchen verteilen. In den vorgeheizten Backofen (mittlere Schiene) schieben und die Cupcakes ca. 15 Minuten backen (Stäbchenprobe machen!). Herausnehmen und auf einem Kuchengitter abkühlen lassen.

Für das Marshmallow-Topping in einer Schüssel den gesiebten Puderzucker und die Eiweiße in ca. 5 Minuten luftig aufschlagen. Den Eischnee halbieren und einen Teil mit der roten Lebensmittelfarbe hellrosa färben. Die Marshmallows jeweils vierteln. Die Hälfte der Cupcakes mit rosa Glasur bestreichen und mit weißen Marshmallows blütenförmig verzieren, in die Mitte einen Tupfer Gelee setzen. Mit der weißen Glasur und den rosa Marshmallows für die andere Hälfte entsprechend verfahren.

After-Eight-Cupcakes

Für die Pfefferminzcreme:

60 ml Sahne

2 TL neutrales Pflanzenöl

1 EL cremiger Honig

250 g gesiebter Puderzucker

ätherisches Pfefferminzöl (Apotheke)

Für den Teig:

180 g weiche Butter

170 g feiner Zucker

1 TL Vanilleextrakt

3 Eier, 150 g Mehl

1/2 Päckchen Backpulver

60 g dunkles Kakaopulver

1/8 l Milch

Für die Schokoladenglasur:

125 g Zartbitterschokolade

80 ml Sahne

Für 12 Cupcakes

Für die Pfefferminzcreme alle angegebenen Zutaten mit Ausnahme des Pfefferminzöls in einem Topf mischen. Bei geringer Hitze rühren, bis die Mischung glatt und cremig ist. Wenige Tropfen Pfefferminzöl zugeben und gut untermischen. Vom Herd nehmen und kühl stellen.

Den Backofen auf 180 °C (Umluft 160 °C, Gas Stufe 3) vorheizen. 12 Muffinblechmulden mit Papier-Muffinförmchen auslegen.

Für den Teig in einer Schüssel Butter, Zucker und Vanille mit dem Handrührer hell-cremig schlagen. Die Eier nach und nach unterrühren. Mehl mit Backpulver und Kakao mischen und portionsweise abwechselnd mit der Milch unterheben.

Den Teig auf die Förmchen verteilen. In den vorgeheizten Backofen (mittlere Schiene) schieben und die Cupcakes ca. 15 Minuten backen (Stäbchenprobe machen!). Herausnehmen und auf einem Kuchengitter abkühlen lassen.

Die Cupcakes aus den Papier-Muffinförmchen nehmen und waagerecht mittig durchschneiden. Die untere Hälfte jeweils mit etwas Pfefferminzcreme bestreichen und die obere Hälfte wieder aufsetzen.

Für die Schokoladenglasur die Schokolade grob hacken. In einem kleinen Topf zusammen mit der Sahne bei geringer Hitze unter Rühren erhitzen, bis sie geschmolzen ist. Vom Herd nehmen und abkühlen lassen. Die Cupcakes dekorativ mit der Glasur übergießen und bis zum Servieren kühl stellen.

Karamell-Cupcakes

Für den Teig:
180 g weiche Butter
170 g feiner Zucker, 3 Eier
300 g Karamellsirup
150 g Mehl
1/2 Päckchen Backpulver
2 EL Milch

Für die Zuckerglasur:
185 g Puderzucker
20 g weiche Butter

Für das Karamell:
110 g feiner Zucker
1 EL Zitronensaft

Außerdem:
Papier-Muffinförmchen

Für 12 Cupcakes

Den Backofen auf 180 °C (Umluft 160 °C, Gas Stufe 3) vorheizen. 12 Muffinblechmulden mit Papier-Muffinförmchen auslegen.

Für den Teig in einer großen Schüssel Butter und Zucker mit dem Handrührer hell-cremig schlagen. Nach und nach die Eier zugeben und gut unterrühren. Karamellsirup zugeben und ebenfalls gut untermengen. Mehl und Backpulver mischen und portionsweise abwechselnd mit der Milch einarbeiten.

Den Teig auf die Förmchen verteilen. In den vorgeheizten Backofen (mittlere Schiene) schieben und die Cupcakes 15 Minuten backen (Stäbchenprobe machen!). Herausnehmen und auf einem Kuchengitter abkühlen lassen.

Für die Zuckerglasur gesiebten Puderzucker und Butter in einer Schüssel mit dem Handrührer glatt rühren. Kühl stellen.

Für das Karamell ein Backblech mit einem passend zurechtgeschnittenen Stück Backpapier auslegen. In einem kleinen Topf Zucker und Zitronensaft bei geringer Temperatur erhitzen, dabei den Topf gelegentlich schwenken, bis der Zucker geschmolzen ist und eine goldene Farbe angenommen hat. Die Mischung dünn auf dem Papier verstreichen und zum Hartwerden beiseite stellen.

Die Cupcakes mit der Zuckerglasur bestreichen. Das Karamell vom Backpapier abziehen, in Splitter brechen und die Cupcakes damit dekorieren.

Christmaspudding-Cupcakes

Für den Teig:

je 200 g Sultaninen und gehackte Rosinen

je 125 g Korinthen und gehackte getrocknete Cranberries

1/8 l Brandy oder Rum, 125 g Butter

110 g weicher brauner Zucker (Mascobado)

je 1 EL Aprikosenkonfitüre und Honig

je 1 TL abgeriebene Schale von 1 unbehandelten Zitrone oder Orange

2 Eier, 180 g Mehl

je 1/2 TL Ingwer, Lebkuchengewürz und Zimt

Für die Zuckerglasur:

1 Eiweiß, 250 g Puderzucker

2–3 TL Zitronensaft

Außerdem:

Fett für die Form

1 EL Brandy oder Rum zum Glasieren

silberne Zuckerperlen zum Garnieren

Für 24 Mini-Cupcakes

Am Vortag für den Teig die Trockenfrüchte in einer Schüssel mit Brandy oder Rum übergießen und über Nacht zugedeckt durchziehen lassen.

Am nächsten Tag den Backofen auf 150 °C (Umluft 130 °C, Gas Stufe 1) vorheizen. 24 Mini-Muffinblechmulden einfetten und die Böden mit passend zugeschnittenem Backpapier auslegen.

In einer Schüssel Butter und Zucker mit dem Handrührer cremig rühren. Konfitüre, Honig und Zitronen- oder Orangenschale untermengen. Nach und nach die Eier zugeben und gut unterrühren. Die eingelegten Trockenfrüchte und das Mehl portionsweise abwechselnd in die Buttermischung einrühren.

Den Teig auf die Mulden verteilen, so dass diese bis zum Rand gefüllt sind, und glatt streichen. In den vorgeheizten Backofen (mittlere Schiene) schieben und die Cupcakes ca. 40 Minuten backen (Stäbchenprobe machen!) backen. Herausnehmen, im Blech abkühlen lassen und dann auf ein Kuchengitter stürzen.

Für die Zuckerglasur das Eiweiß mit einem Kochlöffel leicht aufschlagen. Nach und nach den gesiebten Puderzucker zugeben und alles zu einer glatten Paste vermengen. Langsam so viel Zitronensaft dazugeben, dass die Mischung leicht flüssig wird. Die Cupcakes mithilfe eines Spatels so mit dem Zuckerguss bestreichen, dass er an den Seiten etwas herunterläuft, und mit den silbernen Zuckerperlen dekorieren.

Crème-brûlée-Cupcakes

Für den Teig:

185 g weiche Butter

170 g feiner Zucker

1 TL Vanilleextrakt

3 Eier

180 g Mehl

1/2 Päckchen Backpulver

1/8 l Milch

45 g weicher brauner Zucker (Mascobado)

Für die Cremefüllung:

375 ml Milch

3 Eigelb

50 g feiner Zucker

2 EL Mehl

Außerdem:

Papier-Muffinförmchen

Für 12 Cupcakes

Den Backofen auf 180 °C (Umluft 160 °C, Gas Stufe 3) vorheizen. 12 Muffinblechmulden mit Papier-Muffinförmchen auslegen.

Für den Teig in einer großen Schüssel Butter, Zucker und Vanille mit dem Handrührer hell-cremig schlagen. Nach und nach die Eier zugeben und gut unterrühren. Mehl und Backpulver mischen und portionsweise abwechselnd mit der Milch dazugeben.

Den Teig in die Förmchen verteilen. In den vorgeheizten Backofen (mittlere Schiene) schieben und die Cupcakes 15 Minuten backen (Stäbchenprobe machen!). Herausnehmen und auf einem Kuchengitter abkühlen lassen.

Für die Cremefüllung die Milch in einem Topf kurz aufkochen und von der Herdplatte nehmen. In einer Schüssel Eigelbe, Zucker und Mehl mit dem Handrührer zu einer festen, hellen Masse schlagen, dann nach und nach die Milch unterrühren. Zurück in den Topf geben und bei mittlerer Hitze unter Rühren erhitzen, bis die Mischung dick wird. Vom Herd nehmen.

In die Mitte jedes Cupcakes mit einem scharfen Messer so eine Mulde schneiden, dass ein Rand von ca. 1 Zentimeter stehen bleibt. In jede Vertiefung etwas Cremefüllung geben. Kalt stellen.

Vor dem Servieren den Backofengrill vorheizen. Die Cupcakes jeweils mit 1 Teelöffel braunen Zucker bestreuen und für 3 Minuten unter den Grill stellen, danach sollte der Zucker hell karamellisiert sein.

Grüntee-Cupcakes

Für den Teig:

1/8 l Milch

3 TL Matcha (feines Grüntee-Pulver)

185 g weiche Butter

170 g feiner Zucker

1 TL Vanilleextrakt

3 Eier

150 g Mehl

1/2 Päckchen Backpulver

Für das Sahne-Topping:

1/4 l Sahne

2 EL Puderzucker

Außerdem:

Papier-Muffinförmchen

45 g süße rote Adzukibohnen (Dose) nach Belieben

Für 24 Cupcakes

Den Backofen auf 180 °C (Umluft 160 °C, Gas Stufe 3) vorheizen. 24 Muffinblechmulden mit Papier-Muffinförmchen auslegen.

Für den Teig in einem Topf die Milch kurz aufkochen, vom Herd nehmen und den Matcha einrühren. Abkühlen lassen.

In einer großen Schüssel Butter, Zucker und Vanille mit dem Handrührer hell-cremig schlagen. Nach und nach die Eier zugeben und jeweils gut unterrühren. Mehl und Backpulver mischen und portionsweise abwechselnd mit der Milch dazugeben.

Den Teig in die Förmchen verteilen. In den vorgeheizten Backofen (mittlere Schiene) schieben und die Cupcakes 10–12 Minuten backen (Stäbchenprobe machen!). Herausnehmen und auf einem Kuchengitter abkühlen lassen.

Für das Sahne-Topping die Sahne mit dem gesiebten Puderzucker steif schlagen. Auf jeden Cupcake 1 dicken Klecks Sahne setzen und nach Belieben mit einigen Adzukibohnen garnieren.

Tipp: Sie erhalten Adzukibohnen in gut sortierten asiatischen Feinkostläden. Ursprünglich stammen sie aus China, werden aber auch in der japanischen Küche vor allem als Mus vielfältig eingesetzt. Diese Paste, Anko genannt, können Sie auch als Deko für die Cupcakes verwenden, wenn sie die Adzukibohnen selbst nicht bekommen sollten.

Trüffel-Cupcakes

Für den Teig:
200 g Butter
200 g Zartbitterschokolade
1/8 l Kaffeelikör (z.B. Baileys)
180 g Mehl
1/2 Päckchen Backpulver
1/2 TL Natron
90 g dunkles Kakaopulver
345 g feiner Zucker
3 Eier, 1 1/2 EL Öl
80 ml Milch

Für das Trüffel-Topping:
150 g Vollmilchschokolade
125 g Butter
60 ml Sahne
einige gemischte Trüffel nach Belieben

Außerdem:
Papier-Muffinförmchen
etwas dunkles Kakaopulver zum Bestäuben

Für 18 Cupcakes

Den Backofen auf 160 °C (Umluft 140 °C, Gas Stufe 2) vorheizen. 18 Muffinblechmulden mit Papier-Muffinförmchen auslegen.

Für den Teig in einem Topf Butter und Schokolade mit dem Likör bei geringer Hitze schmelzen. Vom Herd nehmen und leicht abkühlen lassen.

Mehl, Backpulver, Natron und Kakao in eine große Schüssel sieben. Den Zucker untermischen. In die Mitte eine Mulde drücken, nach und nach Eier, Öl und Milch einarbeiten. Zum Schluss die Schokoladenmischung gut untermengen.

Den Teig so in die Förmchen verteilen, dass diese zu drei Vierteln gefüllt sind. In den vorgeheizten Backofen (mittlere Schiene) schieben und die Cupcakes ca. 25 Minuten backen (Stäbchenprobe machen!). Herausnehmen und auf einem Kuchengitter abkühlen lassen.

Für das Trüffel-Topping die Milchschokolade raspeln. Mit Butter und Sahne in einen Topf geben und die Mischung unter Rühren vorsichtig erhitzen, bis die Schokolade geschmolzen ist. Den Topfinhalt in eine große Schüssel geben und komplett abkühlen lassen.

Danach die Schokomischung mit dem Handrührer dick und cremig aufschlagen und die Cupcakes dekorativ damit bestreichen. Die Trüffel halbieren, obenauf setzen und die Cupcakes mit Kakaopulver bestäuben.

Tauffeier-Cupcakes

Für den Teig:
185 g weiche Butter
170 g feiner Zucker
1 TL Vanilleextrakt
3 Eier
180 g Mehl
1/2 Päckchen Backpulver
1/2 l Milch

Für die Schühchen-Dekoration:
500 g weißer Fondant (Fertigprodukt)
rote oder blaue Lebensmittelfarbe
1 Eiweiß

Außerdem:
Papier-Muffinförmchen
Puderzucker zum Ausrollen

Für 16 Cupcakes

Den Backofen auf 180 °C (Umluft 160 °C, Gas Stufe 3) vorheizen. 16 Muffinblechmulden mit Papier-Muffinförmchen auslegen.

Für den Teig in einer großen Schüssel Butter, Zucker und Vanille mit dem Handrührer hell-cremig schlagen. Nach und nach die Eier zugeben und gut unterrühren. Das mit Backpulver gemischte Mehl und die Milch portionsweise abwechselnd dazugeben. Den Teig in die Förmchen verteilen. Im vorgeheizten Backofen (mittlere Schiene) 15 Minuten backen (Stäbchenprobe machen!). Herausnehmen und die Cupcakes auf einem Kuchengitter abkühlen lassen.

Für die Schühchen-Dekoration die Arbeitsfläche dünn mit gesiebtem Puderzucker bestreuen und drei Viertel des Fondants 3 Millimeter dick darauf ausrollen. Mit einem Ausstechförmchen von ca. 7 Zentimetern Durchmesser und mit gewelltem Rand 16 Kreise ausstechen. Das Eiweiß verquirlen, die Oberseite der Cupcakes dünn damit bestreichen und jeweils mit einem Fondantkreis bedecken.

Zu dem restlichen Fondant einige Tropfen Lebensmittelfarbe nach Wahl geben und ihn so lange kneten, bis er gleichmäßig eingefärbt ist. Mit einer Küchenwaage 32 Portionen von je ca. 25 Gramm abwiegen und zu kleinen Röllchen formen. In der Mitte in einem Winkel von 90 Grad hochbiegen und mit einem Messerrücken eine kleine Kerbe in die Innenseite der Biegung drücken. Mit dem Stielende eines kleinen Holzlöffels an der Oberseite eine Delle als Schuhöffnung hineindrücken, dann die Ränder mit den Fingerspitzen wellenförmig formen. Die Schühchen an den Sohlen vorsichtig mit etwas verquirltem Eiweiß bestreichen und sofort paarweise mittig auf die Cupcakes stellen.

Register

Die Originalausgabe ist unter dem Titel "Cupcakes. A fine selection of sweet treats" 2008 bei Murdoch Books Pty Limited erschienen.

Murdoch Books Australia
Pier 8/9
23 Hickson Road
Millers Point NSW 2000
Phone: +61 (0) 2 8220 2000
Fax: +61 (0) 2 8220 2558
www.murdochbooks.com.au

Murdoch Books UK Limited
Erico House, 6th Floor
93–99 Upper Richmond Road
Putney, London SW15 2TG
Phone: +44 (0) 20 8785 5995
Fax: +44 (0) 20 8785 5985
www.murdochbooks.co.uk

Verlegerin: Juliet Rogers
Verlagsleiterin: Kay Scarlett
Cheflektorin: Jane Lawson
Projektleiterin: Sandra Davies
Foodlektorin: Chrissy Freer
Gestaltung: Reuben Crossman
Fotos: Brett Stevens
Styling: Lynsey Fryers
Foodstyling: Peta Dent
Rezeptentwicklung: Lee Currie
und die Versuchsküche von Murdoch Books
Herstellung: Nikla Martin

Der Verlag und die Stylistin möchten folgenden Personen und Firmen für die Bereitstellung von Ausrüstungsgegenständen und Requisiten für die Fotoshootings danken: Anibou, Australian Salvage Company, Crowley & Grouch, Domayne Design, Empire Homewares, Koskela, Miljo, Mokum Textiles und Tres Fabu!.

WICHTIGER HINWEIS: Menschengruppen, die durch eine Salmonellenvergiftung besonders gefährdet sind (wie schwangere Frauen, ältere Personen, kleine Kinder und Personen mit einer Immunschwäche), sollten bei jeder Art von Besorgnis bezüglich des Genusses von rohen Eiern einen Arzt zu Rate ziehen.

Für die deutsche Ausgabe:

5 4 3 2 1 13 12 11 10 09
978-3-88117-806-8
Übersetzung: Barbara Kohl
Typographie: Johanna Leffler
Redaktion: Monika Römer

www.hoelker-verlag.de

Printed by 1010 Printing International Ltd in China.

Du
Aux
Lafayette
Paris
Rayon
87
DE TOUT
ET PANORAMIQUES
PARIS
EAU
DE FLEURS
D'ORANGERS
SUPÉRIEURE
(SOIRÉE)
Savon Extra Fin
A LA
VIOLETTE